Neuorientierung für Führungskräfte

Michael Lorenz • Uta Rohrschneider

Neuorientierung für Führungskräfte

Berater in eigener Sache

2., vollst. überarb. Auflage

 Springer Gabler

Michael Lorenz
Gummersbach
Deutschland

Uta Rohrschneider
Gummersbach
Deutschland

ISBN 978-3-658-05141-9   ISBN 978-3-658-05142-6 (eBook)
DOI 10.1007/978-3-658-05142-6

Die Deutsche Nationalbibliothek verzeichnet diese Publikation in der Deutschen Natio-
nalbibliografie; detaillierte bibliografische Daten sind im Internet über http://dnb.d-nb.de
abrufbar.

Springer Gabler
1. Auflage: © orell füssli 2009
2. Auflage: © Springer Fachmedien Wiesbaden 2014

Springer Gabler ist eine Marke von Springer DE. Springer DE ist Teil der Fachverlagsgruppe
Springer Science+Business Media
www.springer-gabler.de

Inhaltsverzeichnis

Die Autoren

Michael Lorenz und **Uta Rohrschneider** sind Diplom-Psychologen und sind die Geschäftsführer der grow.up. Managementberatung GmbH. Sie verfügen über umfassende und langjährige Erfahrung in Fragen der Human Resources Strategy, der Personalentwicklung, der Management-Diagnostik und -Qualifikation. Schwerpunkte ihrer Arbeit sind die Prozessbegleitung und Moderation von strategischen Neuausrichtungs- und Umstrukturierungsprozessen sowie die Ausrichtung von Servicebereichen. Weitere Schwerpunkte liegen in Trainings und Workshops für Manager und Führungskräfte in den Themenfeldern Management, Führung, Persönlichkeitsentwicklung und Vertrieb sowie in der Konzeption, Implementierung und Projektleitung bei Personalentwicklungsprojekten. In individuellen Coachings begleiten sie Manager und Führungskräfte bei persönlichen Veränderungs- und Entwicklungsprozessen in Führungs- und Positionierungsfragen. Beide Autoren haben zahlreiche Artikel und Bücher zu den Themenfeldern Management, Führung und Human Resources veröffentlicht.

grow.up. Managementberatung GmbH,
Quellengrund 4,
51647 Gummersbach,
Deutschland

Berufliche Veränderungen sind heute Alltag

1

Zusammenfassung

Zu Beginn möchten wir mit Ihnen Ihre Aufmerksamkeit schärfen, um ein Gefühl für das Erkennen erster Anzeichen für Umstrukturierungen oder Personalmaßnahmen mit Ihnen zu entwickeln sowie Ihnen entsprechende Reaktionsmöglichkeiten aufzeigen. Wir möchten Ihnen konkrete Hinweise geben, wann Sie aufhorchen sollten und es Zeit wird, sich über die eigene Positionierung im Unternehmen klar zu werden und noch einmal zu prüfen, wie Sie vertraglich dastehen.

Des Weiteren schauen wir mit Ihnen auf vollkommen unerwartete Beförderungen in Zeiten der Unternehmensschieflage. Diese sind u. a. im Hinblick auf die Veränderungen Ihrer Arbeitnehmerrechte kritisch zu sehen.

50-jährige Betriebszugehörigkeit: Was früher durchaus üblich war, weicht heute einer hohen Personalfluktuation in Unternehmen. Wirtschaftlicher Erfolgsdruck, weitere Umsatzsteigerungen, hohe Dividendenausschüttung oder die Implementierung neuer Technologien sind nur einige Gründe für personelle Veränderungen in einem Unternehmen. Darüber hinaus wird die steigende Fluktuationsrate dadurch erklärt, dass die Mitarbeiter den Fokus stärker auf ihre individuelle Entwicklung und Entfaltungsmöglichkeit legen. Ein Arbeitsplatzwechsel stellt für viele eine Horizonterweiterung dar und ist auch im Gegensatz zu früheren Jahren immer mehr gesellschaftlich anerkannt.

Unabhängig davon, ob die Trennung vom Unternehmen aus freien Stücken geschehen oder vom Unternehmen ausgegangen ist, sie deutet darauf hin, dass Erwartungen auf einer Seite oder beiden Seiten nicht erfüllt wurden. Hinzu kommen äußere Rahmenbedingungen, die auf die Situation einwirken und sie häufig zuspitzen. Ist der Trennungswunsch ausgesprochen, müssen auf beiden Seiten die Veränderungen bearbeitet werden. Für den Mitarbeiter bezieht sich dies nicht nur

M. Lorenz, U. Rohrschneider, *Neuorientierung für Führungskräfte*,
DOI 10.1007/978-3-658-05142-6_1, © Springer Fachmedien Wiesbaden 2014

auf noch ausstehende Verhandlungen mit dem Unternehmen, sondern auch auf die Neuausrichtung der eigenen Person sowie der persönlichen und beruflichen Ziele auf die veränderte Situation.

1.1 *Führungskraft* – eine nicht nur arbeitsrechtliche Definition

In einer Trennungssituation wird schnell deutlich, dass Sie sich über Ihre Stellung im Unternehmen Klarheit verschaffen müssen. Für die Verhandlungen mit Ihrem Arbeitgeber ist es von großer Bedeutung, wie Ihre Positionierung unter arbeitsrechtlicher Sicht zu bewerten ist. Führungskräfte finden wir auf den unterschiedlichsten Positionen und mit den verschiedensten Titeln. Ihr Titel spielt bei der Bewertung dessen, was in Ihren Trennungsverhandlungen wichtig ist, aber keine Rolle, wenn es z. B. um die Frage geht, ob das Betriebsverfassungsrecht auf Ihren Fall Anwendung findet oder nicht. Vor diesem Hintergrund ist es im Grunde genommen unerheblich, was die gängige Wirtschafts- und Managementliteratur unter einer *Führungskraft* versteht. Wirklich entscheidend ist die arbeitsrechtliche Betrachtung Ihrer Positionierung im Unternehmen.

Den von Personalverantwortlichen üblicherweise verwendeten Begriff der *Führungskraft* sucht man in der arbeitsrechtlichen Begriffssystematik vergeblich. *Führungskraft* ist hier kein von der Gesetzgebung oder Rechtsprechung verwendeter, greifbarer Fachbegriff. Es handelt sich vielmehr um eine *unjuristische* Beschreibung eines Mitarbeiters, der, abhängig von Größe und Organisationsstruktur des jeweiligen Arbeitgebers, Führungs- und Leitungsaufgaben wahrnimmt. Um den allgemeinen Begriff der *Führungskraft* zu definieren, ist es daher aus arbeitsrechtlicher Sicht zunächst sinnvoll, sich mit den gesetzlichen Regelungen zu Mitarbeitern in leitender/führender Position zu befassen.

1.1.1 Der Vorteil einer breiten Einsetzbarkeit

Als Arbeitnehmer in einer Führungsposition sollten Sie sich grundsätzlich die Frage stellen, ob vom Arbeitgeber Umstrukturierungs- und Personalreduktionsmaßnahmen kurz- und mittelfristig zu erwarten sind und ob sich diese auf Ihr eigenes Arbeitsverhältnis auswirken könnten. Dies ist z. B. möglich, wenn branchenbezogen zu erwarten ist, dass bestimmte Produktionslinien eines Unternehmens nicht fortgeführt werden und dies in naher Zukunft zur endgültigen Schließung eines klar abzugrenzenden Betriebsteils führt. Liegt Ihre Tätigkeit in diesem Bereich, sollten

Sie, soweit möglich, über eine Ausweitung Ihrer Einsetzbarkeit im gesamten Unternehmen nachdenken. Ist für Sie eine vielseitige Einsetzbarkeit gegeben, ergibt sich für Sie im Rahmen einer Betriebsteilschließung das gute Argument, auch auf anderen Positionen des Unternehmens eingesetzt werden zu können.

Ein möglichst breit gefächerter Einsatzbereich einer Führungskraft kann eine drohende Kündigung des Vertragsverhältnisses also erheblich reduzieren. Dem Arbeitgeber wird, soweit das Kündigungsschutzgesetz zur Anwendung kommt, der von ihm geforderte Beweis des Wegfalls des konkreten Arbeitsplatzes erheblich erschwert. Darüber hinaus besteht auch bei einer möglichst vielseitigen Verwendung als Führungskraft eine gute Position, wenn der Arbeitgeber beabsichtigt, eine umfassende Personalreduktion auf allen Betriebsebenen durchzuführen. In diesem Fall ergeben sich nämlich mannigfache Angriffspunkte, um die konkret ausgesprochene Kündigung des Arbeitgebers zu hinterfragen, gegebenenfalls zu Fall zu bringen bzw. eine für den Arbeitnehmer akzeptable einvernehmliche Regelung mit einer finanziellen Abfindung zu erzielen.

1.1.2 Verfügen Sie über personenbedingte Schutzrechte?

Neben der dargestellten Bewertung Ihrer Position, die sich im Wesentlichen aus betrieblichen Merkmalen ergibt, ist es wichtig zu prüfen, ob es in Ihrer Person liegende Schutzgründe gibt. Hierbei ist neben der Bewertung als besonderer Know-How-Träger unter anderem an gesetzliche Sonderschutzrechte unter Berücksichtigung der Regelungen für Schwerbehinderte, Mütter, Eltern sowie Mitglieder von betriebsverfassungsrechtlichen Organen zu denken. Gerade diese mit der Person des Arbeitnehmers verbundenen *Argumente*, stellen bei Personalmaßnahmen des Arbeitgebers einen erheblichen Schutzfaktor für die Position des jeweiligen Arbeitnehmers dar. Sie sind zum Teil geeignet, eine beabsichtigte Personalmaßnahme des Arbeitgebers zu verhindern.

Die arbeitsrechtliche Betrachtung macht deutlich, wie wichtig es ist, schon vor Bekanntwerden drohender Personalmaßnahmen die eigene Position einer arbeitsrechtlichen Betrachtung zu unterziehen.

Hierfür sollten Sie, soweit Unklarheiten oder Zweifel über die taktische Vorgehensweise bzw. die konkrete Einstufung Ihrer Position bestehen, in jedem Fall ein beratendes Gespräch mit einem entsprechend ausgebildeten und erfahrenen Arbeitsrechtler suchen.

Nur so können Sie vor Durchführung der Personalmaßnahme die noch gegebenen Reaktionsmöglichkeiten in vollem Umfang ausschöpfen (Stellen eines Schwerbehindertenantrages oder eines Antrages auf Gleichstellung zu einem Schwerbehinderten, gegebenenfalls Installation eines Betriebsrates im Unternehmen etc.).

1.1.3 Vertragliche Bindung

Neben den genannten Aspekten stellt sich im Hinblick auf das Erkennen erster Anzeichen für eine Personalmaßnahme die grundsätzliche Frage, in welcher Vertragsart Ihre Beziehung als Arbeitnehmer zum Arbeitgeber geregelt ist. Handelt es sich um einen befristeten oder unbefristeten Vertrag? Soweit das Vertragsverhältnis auf einem gesetzlich zulässigen befristeten Arbeitsvertrag beruht, besteht für den Arbeitgeber ohne Vorlage eines gesonderten Kündigungsgrundes die Möglichkeit, das Vertragsverhältnis zum vereinbarten Beendigungszeitpunkt enden zu lassen, ohne dass es einer Kündigung oder einer einvernehmlichen Regelung bedarf.

Liegt ein unbefristetes Arbeitsverhältnis vor, muss der Arbeitgeber grundsätzlich zur Beendigung eine Kündigung aussprechen. Es stellt sich daher die Frage, welche Kündigungsfrist der Arbeitnehmer bei Beendigung des Vertragsverhältnisses mindestens einzuhalten hat.

Hierbei ist in erster Linie von Bedeutung, welche Regelung die Parteien in ihrem Arbeitsvertrag vorgesehen haben. Die hier getroffene Regelung ist grundsätzlich verbindlich, soweit sie nicht gegen den Arbeitnehmer besser stellende, gesetzliche bzw. tarifvertragliche Regelungen verstößt oder sich aus anwendbaren Tarifverträgen eine Unkündbarkeit des Arbeitnehmers ergibt.

Wenn diese Fragen für Sie geklärt sind, bedürfen die nächsten Punkte der Klärung. Was bedeuten die sich andeutenden Veränderungen aus arbeitsrechtlicher, vertraglicher Sicht für Sie? Könnten sich die im Unternehmen ankündigenden Änderungen auf ihr konkretes Arbeitsverhältnis auswirken?

Dabei ist zu unterscheiden, ob Sie als Arbeitnehmer direkt betroffen sein könnten, Ihnen mithin selbst eine Kündigung oder Änderungskündigung, Versetzung oder Umsetzung droht, oder ob die Kündigung anderer Mitarbeiter des Unternehmens sich auf Ihre arbeitsrechtliche Stellung auswirkt.

Um hier eine Bewertung vornehmen zu können, stellen sich zunächst die Fragen:

- Wie ist meine Position im Unternehmen meines Arbeitgebers gesichert?
- Welche Rechte stehen mir zu?

1.1.4 Vorsicht Beförderung: Arbeitsrechtliche Folgen von Positionsveränderungen

Nicht jede auf den ersten Blick als Beförderung einzustufende Veränderung einer Position stellt bei genauer Betrachtung einen Vorteil für den Arbeitnehmer dar. Gerade die zwischen Personalverantwortlichen und Führungskraft unter dem

Gesichtspunkt einer Beförderung einvernehmlich vereinbarte Übernahme einer Funktion in einem Tochterunternehmen bei vollumfänglichem Übergang des Arbeitsverhältnisses auf dieses Tochterunternehmen kann für Sie als Arbeitnehmer erhebliche Probleme beinhalten.

Informationen zum Thema Kündigungsschutz finden Sie auf der Website www.bundesrecht.juris.de. Ferner können Sie sich im Kommentar *Kündigungsschutzgesetz mit Nebengesetzen* (2009) informieren.

Ein Arbeitnehmer sollte außerdem wachsam sein, wenn ihm vollkommen unerwartet eine Beförderung auf eine Geschäftsführer- oder Vorstandsposition angeboten wird. Die Übernahme der Geschäftsführung einer GmbH bzw. die Berufung zum Vorstand einer Aktiengesellschaft beinhalten neben dem sicherlich *schmückenden Titel* und der neu gewonnenen Reputation einen sofortigen Verlust vieler Arbeitnehmerrechte. Grund hierfür ist die vom Gesetzgeber vorgegebene Einordnung der GmbH-Geschäftsführer und AG-Vorstände als *Organe* einer Gesellschaft. Organe verfügen nur über eine eingeschränkte Arbeitnehmerstellung. Dieser mit dem Einstieg in die Geschäftsführer- bzw. Vorstandsebene einhergehende Verlust von Arbeitnehmerschutzrechten kann unter Umständen einen unmoralisch agierenden Arbeitgeber dazu verleiten, mit einer gezielten *Beförderung* zum Geschäftsführer oder Vorstand eines Unternehmens, nach Wahrung einer gewissen Schamfrist, die Kündigung des Vertragsverhältnisses auszusprechen.

Mit dieser *Wertschätzung* kann der Arbeitgeber einen aufgrund seiner Arbeitnehmerschutzrechte möglicherweise schwer oder unkündbaren Arbeitnehmer freisetzen. Dies ist dann möglich, ohne einen unter Berücksichtigung des Kündigungsschutzgesetzes nachzuweisenden Kündigungsgrund nennen zu müssen oder ohne aufgrund einer einvernehmlichen Regelung eine erhebliche Abfindung zahlen zu müssen.

Des Weiteren sollten Sie plötzlichen Anfragen von so genannten *Headhuntern* mit erheblicher Aufmerksamkeit begegnen, gerade bei einer bestehenden Schieflage im Unternehmen und insbesondere dann, wenn die Frage einer einvernehmlichen Trennung mit der Geschäftsleitung bereits erörtert wurde. Neben dem bereits dargestellten *Wegloben* von Arbeitnehmern auf Vorstands- oder Geschäftsführerpositionen im eigenen Unternehmen besteht auch die Gefahr des *Weglobens* durch eigens zu diesem Zweck engagierte Headhunter. Die Gefahr beim Wechsel des Arbeitsplatzes ist, dass der im bestehenden Vertragsverhältnis aufgebaute Schutz vor Kündigungen, die aus der Betriebszugehörigkeit bereits erwachsene Stellung, nicht *mitgenommen wird.* Als Arbeitnehmer begeben Sie sich so schutzlos in ein neues Vertragsverhältnis (im Hinblick auf das Kündigungsschutzgesetz besonders in den ersten sechs Monaten). Das kann heißen, dass Sie als Arbeitnehmer, aufgrund Ihrer langen Beschäftigungszeit beim bisherigen Arbeitgeber, über einen sehr komfortablen Kündigungsschutz verfügen, nach einem Wechsel in ein anderes Unternehmen innerhalb der Probezeit aber mit einer Frist von vier Wochen freigesetzt werden können.

Diesem Risiko können Sie begegnen und sich selbst schützen. Bei einem gezielten Abwerbungsversuch sollten Sie im Rahmen der Ausgestaltung des neuen Arbeitsvertrages eine Anwendbarkeit des Kündigungsschutzgesetzes vom Beginn des Arbeitsvertrages an oder eine Verlängerung der gesetzlichen Kündigungsfristen vereinbaren. Diese Erweiterung des Kündigungsschutzes ist zulässig und bei schriftlicher Vereinbarung zwischen Arbeitgeber und Arbeitnehmer nachweisbar und wirksam.

Auch wenn die aufgezeigten Fälle sicher krasse Ausnahmen darstellen und nicht jede angekündigte Beförderung in die Position des Geschäftsführers ein Anzeichen für eine drohende Kündigung des Vertragsverhältnisses sein muss, sollten Sie trotzdem wachsam sein. Denken Sie grundsätzlich daran, im Rahmen des anzupassenden Arbeitsvertrages ein *Rückkehrrecht* in die arbeitnehmerrechtliche Position oder aber bei Tätigkeit für ein Tochter- oder Drittunternehmen ein Rückkehrrecht zum bisherigen Arbeitgeber zu vereinbaren.

1.2   Erste Anzeichen rechtzeitig erkennen

Zitat (Betroffener) H.E.:

Ein schockierendes Erlebnis kann sein, wenn man zum ersten Mal erlebt, wie sich das Unternehmen und/oder der Chef von einem Kollegen trennt, man selbst aber die Trennung seitens des Unternehmens nicht wirklich für gerechtfertigt hält. Im Normalfall macht man sich aber nicht allzu lange Gedanken darüber, denn die eigene Leistung (und nicht nur der Einsatz) stimmen ja.

Wenn dir aber dann aus heiterem Himmel gesagt wird, dass man sich von dir trennen möchte, trifft einen das wie ein Blitz. Das erste Mal, da mir dies in meiner Karriere passierte, war ich völlig unvorbereitet, überrascht und extrem betroffen. Ich hatte einen *netten* Chef, der mir die widrige Situation erklärte und philosophische Ausführungen machte, warum in jedem Wechsel auch eine Chance liegt – im Nachhinein gebe ich ihm Recht, in der Situation half es aber ziemlich wenig. Als extrem hilfreich hingegen erwies es sich, ein gutes halbes Jahr Zeit zu bekommen, d. h. aus *ungekündigter Stellung* heraus die Suche starten zu können. Ich kann mir vorstellen, dass man bei seinem ersten Jobwechsel durchaus erstaunt feststellt, dass sich der persönliche Marktwert schneller entwickelt hat, als man glaubte – und vor allem als auf dem alten Gehaltszettel stand. Ich realisierte bei meinem ersten Wechsel nach 6 ½ Jahren tatsächlich fast 40 % Gehaltssteigerung – okay, ein bisschen Poker war dabei.

Das schwierigste während dieser Zeit war, das gewohnte Engagement für die alte Firma zu bremsen, da die Zukunftsperspektive ja nicht mehr vorhanden war.

Hört man den von einer Kündigung Betroffenen zu, fällt schnell auf, dass die Kündigung fast immer überraschend kam. Dies auch dann, wenn es Warnzeichen oder Hinweise im Vorfeld gab. In diesen Situationen ist es ein wenig wie bei schweren Erkrankungen: Uns selber trifft es nicht – das passiert nur anderen.

Selbst wenn die Zeichen erkannt werden, heißt das noch nicht, dass sie richtig interpretiert werden – wir wollen die Bedrohung häufig einfach nicht sehen. Vielleicht, weil sie zu groß ist.

Die nachfolgenden Ausführungen sollen dafür sensibilisieren, gerade in kritischen Unternehmenssituationen auf leise Signale zu hören. Sie sollen helfen, Situationen richtig einzuschätzen und frühzeitig zu handeln. Das Schlimmste an einer *überraschenden* Kündigung ist das Gefühl, nicht selber aktiv handeln zu können, ausgeliefert zu sein und nur noch reagieren anstatt agieren zu können. Auch wenn das in Wirklichkeit nicht so ist (wie dieses Buch verdeutlichen wird), überwiegt dieses Gefühl häufig. Damit Sie diese Situation nicht erleben müssen, sollten Sie sich frühzeitig auf mögliche Veränderung hinsichtlich Ihres Beschäftigungsverhältnisses einstellen. Für Ihre berufliche Zukunft gilt: Je früher Sie wirksam handeln, desto besser.

Zitat Betroffener H.O.:

Als in großem Stil Entlassungen anstanden, zunächst nur auf den unteren Ebenen, wurde von der Geschäftsführung auch uns beiden Geschäftsbereichsleitern eröffnet, dass irgendwann einer von uns beiden gehen müsse. Von dieser Ankündigung bis zur finalen Entscheidung vergingen dann ca. 11 Monate.

Für die nachfolgenden Ausführungen gilt, dass nicht jedes einzelne Ereignis kritisch zu betrachten ist. Aufmerksam sollten Sie werden, wenn bestimmte Dinge häufiger passieren, wenn bestimmte Handlungen oder bestimmte Einschränkungen nur Ihnen gegenüber gelten oder wirksam werden. Es geht eher um die Beachtung einer Häufung von bisher so nicht aufgetretenen Vorkommnissen und um die richtige Einschätzung Ihrer Situation und Positionierung, wenn diese sich im Vergleich zu Ihren Kollegen ändert. Sollte die Trennungsentscheidung durch das Unternehmen schon ausgesprochen sein, sind nachfolgende Ausführungen vielleicht hilfreich, um den Verlauf noch einmal zu reflektieren und zu erkennen, wann und womit der Prozess eigentlich begonnen hat, auch, wenn Sie die Ereignisse zum damaligen Zeitpunkt so noch nicht eingeschätzt haben. Eine Auseinandersetzung mit dem Verlauf des Trennungsprozesses gibt Ihnen gegebenenfalls auch neue Informationen, die Sie für die noch ausstehenden Verhandlungen mit Ihrem Arbeitgeber nutzen können.

1.2.1 Kommunikations- und Informationsverhalten

Zitat (Betroffener) S.H.:

> Wodurch wurde Ihnen klar, dass man sich von Ihnen trennen möchte? Zunehmende Uneinigkeiten in Fragen der Führung bestimmter Unternehmensbereiche, zunehmende als unqualifiziert empfundene/schlecht fundierte Kommentierung der eigenen Arbeit, Einmischung anderer in eigene Projekte, mangelnde Kooperation bei bereichsübergreifenden Projekten, Nichteinhaltung von Zusagen bei Übergabe von Teil-Tasks.

Hinweise darauf, dass die eigene Position nicht mehr stabil und sicher ist, finden sich oft im direkten und indirekten Kommunikationsverhalten von Kollegen und Vorgesetzten Ihnen gegenüber. Gerade wenn jemand *mehr weiß* als Sie selbst, drückt er dies oft ungewollt und unbewusst in seinem Kommunikations- und Informationsverhalten aus. Die Signale sind vielleicht subtil, sodass sie leicht weggewischt werden. Zum Teil haben sie sicher auch gar nichts mit der allgemeinen Akzeptanz einer Führungskraft im Unternehmen zu tun, sondern resultieren aus persönlichen Beziehungen. Dann sollten sie auch nur in diesem Rahmen interpretiert werden. Ergeben sich aber in relativ kurzer Zeit auf mehreren Ebenen und mit mehreren Personen Veränderungen, sollten Sie durchaus aufmerksam werden und Ihre Situation und Positionierung einer kritischen Selbstreflexion unterziehen.

Veränderungen auf der informellen Ebene der Information und Kommunikation sind z. B.:

- Ihr Wissen und Ihr Rat sind plötzlich kaum mehr gefragt. Obwohl Sie Fachmann/Fachfrau sind, wendet man sich an andere.
- Anstatt Sie zu fragen, wendet man sich an eine Hierarchieebene über Ihnen.
- Zu Besprechungen, die Ihr Fachwissen betreffen und bei denen Sie einen wertvollen Beitrag liefern könnten, werden Sie nicht mehr eingeladen.
- Sie hören Neuigkeiten immer *als Letzter*, fühlen sich von der Informationskette abgeschnitten.
- Gerüchte bekommen Sie erst mit, wenn sie quasi schon in der Zeitung stehen.
- Das informelle (neben dem dienstlichen) Kommunikationsverhalten verändert sich: Der Chef führt nicht mehr den gewohnten privaten Plausch mit Ihnen, ist kurz angebunden, meidet Ihre Nähe und intensive Gespräche mit Ihnen. Die Kollegen haben mittags häufiger keine Zeit, Treffen nach Feierabend finden nicht mehr statt, Gespräche verstummen, wenn Sie dazukommen – dies sind schon sehr deutliche Signale, auf die Sie achten sollten.

- Sie merken, dass Kollegen, die in der betrieblichen Bedeutungshierarchie weiter unten stehen, den Kontakt zu Ihnen intensivieren.
- Es kommt häufiger zu konfliktgeladenen, scheinbar sachlichen Diskussionen mit Mitarbeitern, die ein bis zwei Ebenen unter Ihnen stehen, z. B. in Projekten, Ihre Autorität ist nicht mehr unangefochten.

1.2.2 Formaler Umgang und Zusammenarbeit

Störungen und Erschwernisse in der Zusammenarbeit mit anderen Abteilungen und Servicebereichen können ebenfalls kritische Hinweise sein:

- Servicebereiche halten sich plötzlich sehr an formale Vorschriften und Regeln, Ausnahmen, die gestern noch möglich waren, sind heute unmöglich. Während für andere bestimmte Ausnahmen noch gelten, wendet man bei Ihnen nur noch formale Kriterien an.
- Informationen zu gemeinsamen Projekten kommen nur noch schleppend und verzögert bei Ihnen an.

1.2.3 Einschränkungen und ungewöhnliche Entwicklungen in der beruflichen Karriere

- Plötzlich vermehrte Anfragen von Headhuntern (manche Unternehmen engagieren Headhunter, die *ungeliebten* Führungskräften Angebote unterbreiten, damit diese von sich aus das Unternehmen verlassen und man sich Kündigungen, Abfindungen etc. erspart).
- Lange Phasen ohne Beförderung (mehr als 5 Jahre, je nach Unternehmen und Branchengepflogenheiten).
- Bei Beförderungen werden Sie aus nicht nachvollziehbaren Gründen übergangen.
- Eigene Projekte werden nicht mehr oder nur sehr schleppend bewilligt.
- Gewünschte Gehaltsanpassungen sind schwer durchzusetzen.
- Obwohl eine sachlich klare Notwendigkeit besteht, wird der Personalstand in Ihrem Verantwortungsbereich nicht aufgestockt.
- Es werden Ihnen Positionen angeboten, die keine Beförderung, sondern ein Versetzen auf einen Platz bedeuten, an dem Sie weniger Einfluss als zuvor haben (*kalt stellen, Elefantenfriedhof*).
- Es werden Ihnen Positionen angeboten, die faktisch einen Rückschritt bedeuten.

- In der aktuellen Position werden Verantwortung, Zugriff auf Ressourcen, Macht und Status eingeschränkt.
- Der persönliche Gestaltungsspielraum wird eingeschränkt, es wird mehr Kontrolle und Rücksprache gefordert, auch zu Themen, die bisher eindeutig in Ihrem Verantwortungsbereich lagen.
- Persönliche Privilegien (teils Statussymbole) werden zurückgenommen oder eingeschränkt (schlechter gelegenes Büro, kein neues Laptop/Handy, kleinere Klasse des Dienstwagens).

Gerade in kritischen Unternehmenssituationen, aber auch bei einer als kritisch zu bewertenden persönlichen Situation sind nachfolgende Aspekte zu beachten.

1.3 Wenn das Unternehmen im Umbruch ist

Die aktuelle Wirtschaftslage bietet zahlreiche Beispiele für erforderliche organisatorische Veränderungen, die auch vom Personal ihren Tribut verlangen. Personal meint hier alle Ebenen: Mitarbeiter, Führungskräfte und Management. Umorganisationen und Personalabbau in Unternehmen können sich grundsätzliche aus überbetrieblichen, aber auch aus betrieblichen Gründen ergeben. Dabei können überbetriebliche Rahmenbedingungen, die zu einem Personalabbau führen, in konjunkturellen Schwankungen, in Verschlechterungen der wirtschaftlichen Situation, im Wegfall ganzer Märkte oder Teilmärkte, aufgrund einer veränderten Konkurrenzsituation, aber auch in strukturellen Veränderungen, wie z. B. Änderungen in der eingesetzten Technologie oder in zunehmender Konkurrenz durch Wettbewerbsprodukte am Markt begründet sein.

Zu den betrieblichen Faktoren zählen dagegen Reorganisationen im Unternehmen, Bereinigung der Produkt- oder Geschäftsfeldpolitik (z. B. durch die Konzentration auf Kerngeschäfte), Anpassung der internen organisatorischen Aufstellung an veränderte Markterfordernisse, Standortverlagerungen, Betriebsstilllegungen sowie Fusionen.

Zitat (Handelnder auf Seiten des Unternehmens) M. M.-B.:

Was waren die häufigsten Anlässe für Abfindungen?
Insolvenz/Konkurs, knappe Finanzlage des Unternehmens, eine Unit des Unternehmens trennt sich von Low-Performern und sucht einen schnellen Exit, Fokussierung auf das Kerngeschäft, dadurch Schließung von Bereichen, die nicht zum Corebusiness gehören.

Je direkter und je umfangreicher Ihr eigener Verantwortungsbereich von diesen oder vergleichbaren organisatorischen Veränderungen betroffen ist, desto sensibler sollten Sie für Hinweise darauf sein, dass Sie selbst zu den Betroffenen gehören könnten. Kündigungen machen nicht vor dem Chef-Büro halt.

Zitat M. B. (Betroffener):

Ich hab den Laden ja mit groß gemacht, da wird man mich wohl nicht rausschmeißen. Außerdem bin ich ja mit am längsten dabei, da dürfen die mich gar nicht vor die Tür setzen! Das waren meine Gedanken während der ganzen finanziellen Krise bei meiner alten Firma. Dass wir als Beratung in den Krisenjahren 2001–2002 Personal entlassen mussten, lag auf der Hand. So sind wir auch von 125 auf 30 geschrumpft und noch immer hat es mich nicht getroffen. Aber auch als wir noch 30 Mitarbeiter waren, war mir klar, dass diese Zahl noch zu groß ist – bei den geringen Umsätzen. Und wieder dachte ich: *Mich trifft es zuletzt. Ich gehe mit dem Kapitän von Bord, also frühestens bei Insolvenz.* Nun kam es aber anders, und einen Tag vor dem Ablauf der kommenden Kündigungsfrist bat mich mein Chef auf ein kurzes Gespräch. Ohne Umschweife kam er auf den Punkt. Natürlich tue es ihm Leid, es sei tragisch, aber die wirtschaftliche Situation erfordere weitere Kündigungen.

Fragen, die die persönliche Aufmerksamkeit schärfen:

• Gibt es eine Führungskraft, die den gleichen Positionsanspruch hat wie ich? Kann das Unternehmen wirklich beide beschäftigen? (z. B. bei Fusionen)
• Wie umfangreich ist der Personalabbau im Unternehmen? Inwieweit ist mein Verantwortungsbereich davon betroffen?
• Wie umfangreich ist der Personalabbau in meinem Verantwortungsbereich?
• Was bedeutet eine strategische und organisatorische Neuausrichtung für meinen Verantwortungsbereich?
• Welche Auswirkung hat die veränderte Produktpolitik auf meinen Verantwortungsbereich?
• Bleibt mein Verantwortungsbereich so, dass meine Position weiterhin gerechtfertigt und notwendig ist?
• Gibt es im Unternehmen sinnvolle Positionsalternativen für mich?

Die Situation des Unternehmens sollte aufmerksam machen. In der Regel denkt jeder in einer kritischen Unternehmenssituation mal über Alternativen nach – auch, wenn das noch nicht unbedingt zum Handeln führt, denn es muss Sie ja nicht treffen. Kommen nun aber zu einer kritischen Unternehmenssituation – und auch ohne diese – Zeichen hinzu, die sich ganz konkret auf Ihre Person beziehen, sollten Sie unbedingt über Alternativen oder wenigstens über eine *Was-wäre-wenn-Strategie* nachdenken.

Zitat (Betroffener) M. B.:

> Erst im Kündigungsgespräch wurde mir klar, wie ernst es ist. Mein erster Ge-
> danke war: Jetzt bloß nichts falsch machen, um irgendwie noch eine Abfindung
> zu bekommen. Also nichts sagen oder unterschreiben (außer den Empfang des
> Kündigungsschreibens).

Indirekte Signale, bei denen Sie selbstkritisch hinterfragen sollten, wie gut und fest
Ihre Position im Unternehmen noch ist, beziehen sich auf:

- das Kommunikations- und Informationsverhalten Ihnen gegenüber,
- den formalen Umgang mit Ihnen,
- Ihre Beteiligung an Entscheidungen und Projekten,
- Entwicklung Ihrer internen Karriere,
- Angebote alternativer interner Positionen, die kein Aufstieg sind,
- und plötzlich einsetzenden Anfragen von Headhuntern.

Folgt man Fischer (2001), machen Rationalisierung und Umstrukturierung zwar
den Großteil von Kündigungen aus, persönliche Gründe sind aber dennoch nicht
zu unterschätzen siehe Abb. 1.1., Seite 13.

1.3.1 Kündigungen erfolgen auch, wenn keine *rein sachlichen* Gründe vorliegen

Zitat Betroffener R. B.:

> Im Jahr 2000 fusionierte die Firma. Die drauffolgende Umstrukturierung brachte
> für mich einen Vorgesetztenwechsel. Seitdem war ich einer intensiven Mobbing-
> Kampagne ausgesetzt. Als ich dann z. B. sechs Wochen auf einen Termin bei meinem
> direkten Vorgesetzen (Geschäftsleiter) warten musste, fragte ich mich schon nach
> meinen Zukunftsperspektiven.
> Zunächst habe ich mich bemüht, keinen Anlass für massive Sanktionen durch den
> Geschäftsbereichsleiter zu geben. Was ich in dieser Zeit erdulden musste, wünsche
> ich keinem anderen, möchte es hier auch nicht beschreiben. Aber ich wollte einen ge-
> sicherten Arbeitsplatz, so lange bis meine Kinder die Schule absolviert haben würden.
> Geholfen hat mir in dieser Zeit die emotionale Unterstützung durch meine Familie
> und meinen Freundeskreis.
> Im November 2002, unsere Firma war inzwischen von einer noch größeren gekauft
> worden, habe ich mich durch die Provokation meines Vorgesetzten zu einem ver-
> balen Konter hinreißen lassen. Dies führte dazu, dass mir die Personalabteilung
> vierzehn Tage später einen Aufhebungsvertrag anbot. Mein erster Gang war der zum
> Rechtsanwalt.

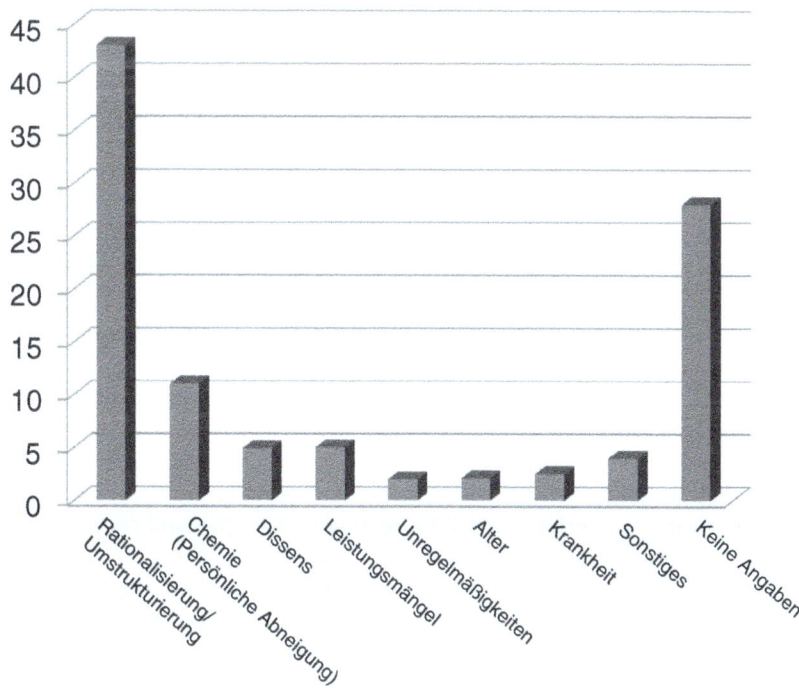

Abb. 1.1 Gründe der Trennung

1.4 Wenn Sie sich verändern möchten

Nicht immer geht die Initiative bezüglich einer Trennung vom Unternehmen selbst aus. Immer häufiger wird der Wunsch, das Unternehmen zu verlassen, vom Mitarbeiter selbst geäußert und umgesetzt. Die persönliche Entwicklung und Entfaltung rückt immer mehr in den Vordergrund. Ein Unternehmenswechsel stellt dabei eine Möglichkeit dar, neue Bereiche kennen zu lernen und neuen Herausforderungen zu begegnen. Der Arbeitsplatzwechsel wird häufig als Chance genutzt, um beruflich aufzusteigen, seine beruflichen Aussichten auf dem Arbeitsmarkt zu verbessern und das Gehalt neu zu verhandeln.

Wo Sie Informationen über neue Stellenangebote bekommen, wie Sie mit Anrufen von Headhuntern umgehen und wie Sie sich selbst am besten vermarkten können, erfahren Sie in Kap. 7 und 8, in diesem Teil geht es um Ihren Umgang mit der von Ihnen gewählten Trennungssituation.

Wenn Sie sich nicht mit Ihrem Unternehmen oder Vorgesetzten überworfen haben, sollten Sie sich Ihrem Unternehmen gegenüber fair verhalten. Das heißt, wenn Sie Ihren neuen Vertrag unterschrieben haben, kündigen Sie Ihren Arbeitsplatzwechsel so bald wie möglich Ihrem Arbeitgeber an. Begründen Sie Ihren Wechsel in einem Gespräch mit Ihrem Vorgesetzten und bieten Sie an, einen Nachfolger einzuarbeiten.

Brechen Sie keine Brücken ab, die Sie nicht abbrechen müssen. Halten Sie Kontakt zu Ihren ehemaligen Mitarbeitern und verfolgen Sie deren weitere Laufbahn. Networking ist wertvoll und kann Ihnen Informationen, weitere Kontakte und neue Aufträge einbringen.

Informieren Sie sich gründlich, bevor Sie sich für eine Kündigung entscheiden und direkt im Anschluss in einer neuen Firma anfangen möchten. Ein Anruf beim Arbeitsamt oder auch bei einem Anwalt Ihres Vertrauens hilft Ihnen auf jeden Fall weiter. Ein Auflösungsvertrag scheint bei einer möglichen Sperre die einfachste Lösung zu sein, doch auch hier gilt: Bitte informieren Sie sich ausführlich über die Vor- und Nachteile.

Bei der Verabschiedung aus Ihrem alten Unternehmen gilt Ähnliches wie für den ersten Tag in einem Unternehmen. So wie der erste Eindruck entscheidend ist, so ist der letzte Eindruck bleibend. Dies bedeutet für Sie, dass Sie sich in aller Form bei Ihren Vorgesetzten, Mitarbeitern und Kunden verabschieden sollten. Das Hinterlassen Ihrer neuen Kontaktdaten ist hierbei selbstverständlich, falls Nach- oder Anfragen kommen. Je nachdem wie lange Sie in dem Unternehmen tätig waren, können Sie auch einen Abschiedsumtrunk oder Ähnliches organisieren, um sich von Ihren Kollegen zu verabschieden.

Literatur

Fischer, C. (2001): Outplacement – Abschied und Neubeginn. Wirkfaktoren in der Outplacementberatung, aus Andrzejewski, L. (2002): Trennungs-Kultur: Handbuch für ein professionelles, wirtschaftliches und faires Kündigungsmanagement, Neuwied/Kriftel

Ungewollte Veränderungen: Den Schock verarbeiten und wieder handlungsfähig werden

Zusammenfassung

In diesem Kapitel geht es um den richtigen Umgang mit Veränderungen. Auf welchen weiteren Ebenen verändert sich bei einer Kündigung etwas? Wie wichtig sind jetzt Familie und Freunde oder auch professionelle Hilfe? Was kann z. B. ein Rechtsanwalt oder ein Coach für Sie tun? Wir leiten Sie durch die Beantwortung dieser Fragen und möchten Ihnen Unterstützung bieten, für Ihr Denken, Fühlen und Handeln in dieser Zeit, so dass Sie am Ende des Prozesses gestärkt daraus hervorgehen. Des Weiteren richten wir mit Ihnen den Blick nach vorne: Was sind Ihre Ziele für die Zukunft und wie sieht eine gute Zielplanung aus?

Leider geht der Drang zur Veränderung nicht immer vom Mitarbeiter aus. In vielen Fällen wird eine Kündigung von Seiten des Unternehmens ausgesprochen. Dies bedeutet für die betroffene Person eine einschneidende Veränderung im Denken, Fühlen und Handeln. Gesagt zu bekommen, dass man nicht mehr gebraucht wird oder nicht mehr erwünscht ist, ist für jeden erst einmal ein Schock. Dies ist und bleibt es auch, wenn man bereits damit gerechnet hat oder den Schritt vielleicht sogar selbst mit initiiert hat. Die unabänderlichen Tatsachen *schwarz auf weiß* auf dem Tisch zu haben, verändert die Dinge mit einem Schlag. Es gilt, sich einer neuen Realität zu stellen, alte Ziele aufzugeben und sich neu zu orientieren. Das Selbst- und das Weltbild können heftig ins Wanken kommen – die bisherige Ordnung besteht nicht mehr. Auswirkungen hat die Trennung für Sie persönlich auf verschiedenen Ebenen.

Zitat (Betroffener) S. H.:

> Ich musste mir diese Situation erst einmal bewusst machen und sie akzeptieren. Dabei hilft natürlich das Gespräch mit Freunden, die das Unternehmen und die handelnden Personen kennen und einschätzen können.

M. Lorenz, U. Rohrschneider, *Neuorientierung für Führungskräfte*, DOI 10.1007/978-3-658-05142-6_2, © Springer Fachmedien Wiesbaden 2014

Veränderung der sozialen Beziehung Bestehende Beziehungen am Arbeitsplatz werden bedroht, können nicht mehr in gleicher Form aufrechterhalten werden. Eventuell verändern sich auch private Beziehungen. Dies kann passieren, da vertraute, bisher gemeinsame Themen verloren gehen. Auch soziale Diskriminierung kann eintreten – *man gehört nicht mehr dazu*, was von bestimmten gesellschaftlichen Schichten nicht mitgetragen wird.

- Gegebenenfalls materielle Einschränkungen
- Veränderungen der beruflich-laufbahnbezogenen Ziele:

Der angestrebte Weg ist unterbrochen und kann eventuell nicht in gleicher Form oder Geschwindigkeit fortgesetzt werden.

- Persönliche, psychische und physische Belastung
- Belastung, im schlimmsten Fall Spannungen in der Familie

Was die Gefühle der Betroffenen nun wesentlich prägt, ist der erlittene Verlust. Ihnen – und je höher die Position ist, desto mehr gilt dies – wird mit dem Wegfall des Jobs oftmals mehr genommen, als man sich im Vorfeld eingesteht oder auch vorstellen kann. Gerade in erfolgreichen Führungspositionen generieren wir, mehr als uns vielleicht bewusst ist, den Sinn unseres Handelns aus unserer beruflichen Positionierung, aus dem Einfluss und der Verantwortung, die wir haben und tragen. Wir können uns plötzlich nicht mehr mit dem identifizieren, was gestern noch unser Selbstbild bestimmt hat. Die Symbole, die unsere Position nach außen kommunizieren, gehen verloren – plötzlich ist der Dienstwagen weg. Härter als der Dienstwagen treffen uns personenbezogene Verluste, die unser Selbstbild bestimmt haben – Status, Macht und Einfluss.

Mit dem Verlust der Identität über die berufliche Positionierung geht auch die Frage nach der Zukunft einher. An Plänen und Zielen von gestern kann nicht mehr einfach weitergearbeitet werden. Neue Ziele müssen definiert werden. Und dies ist in der Situation eines Umbruchs und der Neuorientierung eine anspruchsvolle Aufgabe, die in den ersten Phasen zu Verunsicherung, Orientierungslosigkeit und Bedrohung führen kann.

Bedroht wird unser Leben aber auch auf einer ganz pragmatischen Seite. Plötzlich ist die Sicherung unseres Lebensstandards in Frage gestellt. Wenn Sie jahrelang gut oder sehr gut verdient haben, haben Sie sich einen gewissen Lebensstandard aufgebaut, der auch morgen noch finanziert werden muss. Es gibt mehr oder weniger finanzielle Verpflichtungen und mehr oder weniger finanzielle Rücklagen. Neben der persönlichen Neuorientierung steht nun also auch noch die Überprüfung und Regelung Ihrer finanziellen Situation auf Ihrer *To do-Liste*.

2.1 Mit Veränderungen richtig umgehen

Es müssen gar nicht so gravierende Veränderungen in unserem Leben auftreten wie der Verlust des Arbeitsplatzes. Auch bei kleinen und viel weniger bedeutungsvollen Ereignissen reagieren wir auf Veränderungen nicht sofort mit Vernunft und Logik. Nehmen wir ein ganz alltägliches Beispiel, um den Prozess zu erklären, der sich in uns vollzieht, wenn wir auf plötzliche Ereignisse reagieren müssen:

Stellen Sie sich vor, Sie sind mit der Bahn auf Geschäftsreise unterwegs. Ihre Reise haben Sie so geplant, dass Sie ca. ½ h vor dem Termin am Zielort ankommen. Sie sind am Hauptbahnhof Hannover, wo Sie umsteigen müssen. Sie warten am Bahnsteig auf den Anschlusszug nach Hamburg, der in fünf Minuten abfahren soll. Im Lautsprecher ertönt die Durchsage: „Die Zugverbindung mit dem ICE von Hannover nach Hamburg fällt aufgrund technischer Schwierigkeiten aus." Mit Sicherheit reagieren Sie auf diese Ansage zunächst geschockt und sind verwirrt.

1. Sie spüren Verunsicherung, denn Sie ahnen, dass Ihnen Ihre bisherigen Annahmen und Reisevorbereitungen in dieser Situation nichts nützen werden. In solch einem Moment neigen Sie dazu, zu resignieren oder eine Fluchtreaktion zu zeigen. In diesem ersten Moment der Lautsprecherdurchsage sinkt Ihre subjektiv empfundene Eigenkompetenz, sprich die von ihnen empfundene Kontrolle der Situation. Sie empfinden Verwirrung und Orientierungslosigkeit.

2. Dem Schock folgt dann schnell die Verneinung der Realität: *Dass mein Zug ausfällt, kann ja gar nicht sein.* Vielleicht denken Sie auch, dass es sich gar nicht um Ihren Zug handelt, obwohl Sie es ja eigentlich besser wissen. In dieser zweiten Phase des Veränderungsprozesses mobilisieren Sie schließlich zusätzliche Energie, weil Sie sich mit der Realität nicht abfinden wollen. Sie wollen die Situation wieder in den Griff bekommen. So fragen Sie z. B. andere Personen, ob Ihr Zug nicht doch fährt. Durch diese Handlung steigt Ihre subjektiv empfundene Eigenkompetenz, denn Sie glauben, durch Ihre Aktion die Lage wieder unter Kontrolle zu bekommen.

3. Sie werden jedoch schnell einsehen, dass auch Ihr verstärkter Energieeinsatz beim Verneinen der Situation keinen Erfolg zeigt – der Zug fährt nicht. Sie beginnen jetzt, rational zu akzeptieren, dass sich etwas verändert hat: *Mein Zug fährt nicht.* In dieser dritten Phase des Prozesses begeben Sie sich auf *Verneinungsschleifen.* Sie denken daran, einfach den nächsten Zug zu nehmen. Anders ausgedrückt, erkennen Sie zwar die Notwendigkeit einer Veränderung, Sie finden aber noch keine Lösung, die Sie in dieser Situation wirklich weiterbringt und oft sind Sie zu diesem Zeitpunkt nicht bereit, die möglicherweise notwendigen

Konsequenzen in Kauf zu nehmen. In Wirklichkeit haben Sie die ursprüngliche Situation emotional noch nicht losgelassen und wollen sich und Ihre Pläne noch gar nicht ändern. Dazu werden Sie sich erst im weiteren Verlauf durchringen können.

4. Sie sehen, dass Sie nicht weiterkommen und dass alles, was Sie versucht haben, nicht geholfen hat, die Situation zu ändern. Schließlich gelangen Sie doch zu der Erkenntnis: *Ich komme hier heute mit keinem Zug weg.* Sie erkennen, dass Sie das Alte erst loslassen müssen, um frei zu werden für das Neue. Diese Erkenntnis kann mitunter sehr schmerzlich sein. Aber nur, wenn Sie auch emotional begreifen, dass sich etwas verändern muss und Sie bereit sind, den Verlust/die Einschränkung erlebter Handlungskompetenz, Ihre Eigenkompetenz zu Gunsten der emotionalen Erfahrung loszulassen, werden Sie aktiv daran gehen, Veränderungen anzustreben.

5. Nachdem Sie die Situation nun auch emotional akzeptiert haben, werden Sie schnell dazu übergehen, Lösungsansätze für die veränderte Situation zu suchen. Ihnen kommt vielleicht der Gedanke, ein Taxi zu nehmen oder sich nach einer Flugverbindung zu erkundigen. Auf jeden Fall aber fangen Sie zu diesem Zeitpunkt an, die Situation aktiv umzugestalten, wodurch Ihre subjektiv empfundene Handlungskompetenz wieder steigt. Sicherlich werden Sie Rückschläge hinnehmen müssen, z. B. wenn es keine Flugverbindung gibt. Allerdings stehen Sie in dieser Phase des Veränderungsprozesses auf dem Standpunkt, dass nur die Methode *Versuch und Irrtum* Sie weiterbringen wird.

6. Irgendwann werden Sie eine Lösung finden, die Sie weiterbringt. So können Sie sich evtl. entschließen, mit einem Mietwagen nach Hamburg zu fahren, was Ihnen doch noch ermöglicht, Ihren Termin wahrzunehmen. Auf jeden Fall haben Sie in dieser Situation etwas gelernt. Sie haben eine Strategie entwickelt, um mit einer Ihnen vorher unbekannten Situation fertig zu werden und darüber empfinden Sie Zufriedenheit.

Der gesamte Veränderungsprozess bekommt eine ganz andere Dynamik, wenn am Ende ein klar definiertes Ziel oder eine attraktive Vision steht. Beides wirkt wie ein Magnet und man hält schwierige Phasen mit Misserfolgen deutlich besser aus, wenn man auf ein attraktives Ziel hinarbeitet. Dieser Aspekt ist gerade bei umfangreichen Veränderungen wie dem Verlust des Arbeitsplatzes sehr wichtig.

Die kleine Geschichte und die Abb. 2.1 helfen Ihnen, Ihre Reaktionen auf Ihren Arbeitsplatzverlust richtig einzuordnen und zu akzeptieren. Allein die Akzeptanz, jetzt auch mal emotional und unkontrolliert zu reagieren, wird Ihnen helfen, besser mit der Situation umzugehen.

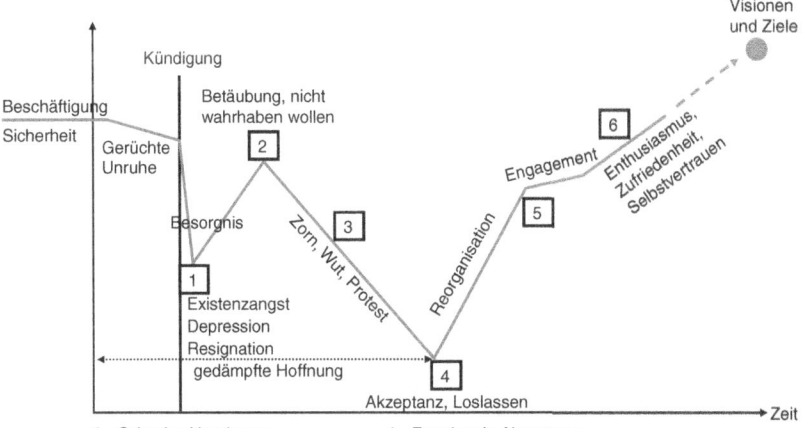

Abb. 2.1 Reaktion der Betroffenen

2.1.1 Reaktionen auf den Arbeitsplatzverlust

Zitat (Betroffener) S. H.:

> „Mit welchen Schwierigkeiten hatten Sie in dieser Zeit am meisten zu kämpfen?"
> „Mentale Balance zu wahren. Nach 18 Jahren in einer Firma ist es schwer, zu gehen."

Ihre ersten Reaktionen werden vielleicht Schock und Verwirrung sein, die es Ihnen schwer machen, einen klaren Gedanken zu fassen und logisch zu handeln. Sie erleben eine Ausnahmesituation, auf die auch Ihr Körper mehr oder weniger ausgeprägt reagieren kann. Schlafstörungen sind sicher eine recht häufige Reaktion. Ihr Selbstwertgefühl, aber auch die Einschätzung Ihrer eigenen Handlungsmöglichkeiten, sinken in diesem Moment wahrscheinlich drastisch.

Ganz normal ist es, wenn Sie in der zweiten Phase die reale Situation verleugnen. Sie wollen es nicht wahrhaben. Reaktionen wie: *Das wollen wir erst mal sehen . . . , Da spreche ich mit dem . . . , dann wird die Kündigung zurückgenommen; Das kann ja gar nicht sein, das muss ein Fehler sein, den ich aufklären werde . . .* sind in dieser Phase sehr verständlich. Diese Reaktion hat den Vorteil, dass wir uns wieder stärker und handlungsfähiger fühlen.

Ganz langsam werden wir uns dann aber doch darüber bewusst, dass die Situation so ist wie sie ist. Wir fangen an, die Situation so zu sehen wie sie ist. Diese

Akzeptanz findet allerdings nur im Kopf statt. Emotional akzeptieren wir die Situation noch nicht. Das führt zu *Ja-Aber-Reaktionen*, die ausdrücken, dass wir die Ereignisse noch nicht wirklich glauben. Das Selbstwertgefühl und die Einschätzung der eigenen Handlungsfähigkeit sinken in dieser Phase wieder. Wut und aggressive Gedanken gegenüber dem Arbeitgeber und auch gegenüber den Kollegen die noch dort sind, sind nur zu verständlich.

Weitere Einbußen muss unser Selbstwertgefühl in der nächsten Phase hinnehmen. Zweifel, Fragen und Ängste werden Sie mehr oder weniger stark ausgeprägt erleben. Es ist das *Tal der Tränen*, durch das Sie emotional gehen müssen, um sich neu orientieren zu können und wirklich wieder handlungsfähig zu werden. In dieser Phase geht es darum, die Veränderung auch emotional zu akzeptieren. Je stärker ihr Umfeld sie unterstützt, desto schneller werden Sie den Mut haben, das Tal der Tränen zu durchschreiten und sich mit den ganz verständlichen Reaktionen der Verunsicherung und Angst auseinander zu setzen.

Aus dieser Phase entwickelt sich die Einsicht, dass Sie jetzt neue Wege gehen müssen, dass Ihnen altes und vertrautes Handeln nicht mehr wirklich weiterhilft. Jetzt können Sie anfangen, Ihre Aufmerksamkeit auf die Zukunft, auf neue Chancen und Möglichkeiten zu richten. Ihr Selbstwertgefühl und die Wahrnehmung Ihrer Handlungsmöglichkeiten steigen wieder.

Am Ende des Prozesses stehen Sie gestärkt vor Ihrem eigenen Spiegelbild. Vielleicht können Sie zurückliegende Reaktionen gar nicht mehr richtig verstehen. Sie haben Klarheit darüber, wie es für Sie weitergeht und sehen jetzt vielleicht, dass der Prozess Ihnen neben neuen beruflichen Chancen und Herausforderungen die eine oder andere Einsicht und Erfahrung gebracht hat.

Der Gesamtprozess macht deutlich, dass der Anspruch, diese Zeit ohne jegliche Hilfestellung zu bewältigen, ein sehr hoher ist. Nutzen Sie die Hilfe, die Ihnen zur Verfügung steht. Nicht nur um Ihre Sorgen mitteilen und teilen zu können, sondern auch, um immer wieder den neutralen Blick von außen in Ihre Gedanken einbeziehen zu können. Im eigenen Kopf drehen sich die Gedanken sonst oft nur in eine Richtung – im Kreis.

Das aufgeführte Modell der Veränderung bietet nicht nur Unterstützung für Ihr eigenes Denken, Fühlen und Handeln in dieser Phase. Von der Trennung sind ja nicht nur Sie betroffen. Der Kreis der direkt und indirekt Betroffenen ist deutlich größer. Da ist zuerst an Ihre Familie zu denken, Ihre Freunde, Ihre Kollegen, Ihre Kunden und andere, mit denen Sie zusammengearbeitet haben. Die Abb. 2.2 verdeutlicht dies. Wenn Sie davon ausgehen, dass diese Personen, zumindest diejenigen, die Ihnen recht nahe stehen, auch auf die eingetretene Veränderung reagieren, werden Sie eventuell manche Äußerung in der Familie, Aussagen von Freunde, eines Geschäftspartners oder eines Kollegen besser verstehen und ein-

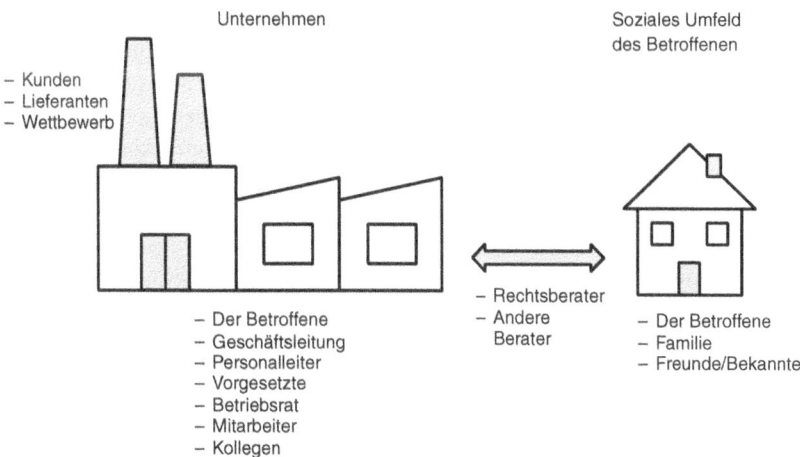

Abb. 2.2 Wer von einer Kündigung betroffen ist

ordnen können. In der Regel schützen wir unser *Ich* vor Bedrohungen sehr gut dadurch, dass wir meinen: *Das passiert nur anderen.* Erleben wir aber, dass eine Kündigung unserem Kollegen, den wir schätzen und achten, der doch immer eine gute Positionierung im Unternehmen hatte, widerfährt, erleben wir die Gefahr, eventuell selbst auch zum Betroffenen zu werden. Auch das beeinflusst die Reaktion auf Ihre Trennung vom Unternehmen in Ihrem Umfeld.

Reaktionen, die Sie bei Ihren Geschäftspartnern erleben, können sich aus der wertvollen und geschätzten Zusammenarbeit mit Ihnen ergeben. Solche Geschäftsbeziehungen gibt niemand gerne auf. Denken Sie hier einen Schritt weiter und nach vorne: Bieten Ihnen Ihre Geschäftspartner Kontakte oder Beziehungen, die Sie für Ihre Neuorientierung oder zukünftige Zusammenarbeit nutzen können?

Was kann ich tun, um die Herausforderung der Veränderung erfolgreich zu meistern?

Unterstützung, auf die Sie zurückgreifen können, finden Sie zum einen im privaten Bereich. Zum anderen bietet es sich an, schnell auf professionelle Hilfe zurückzugreifen.

Zitat (Betroffener) S. H.:

Wann und warum haben Sie professionelle Hilfe in Anspruch genommen?
In der finalen Phase natürlich einen Anwalt (ich wusste ja selbst aus anderen Fällen, wen wir wie viel günstiger – als technisch erforderlich gewesen wäre – abgefunden hatten) und mehrere Freunde/Bekannte, die ich locker als *Coaches* nach ihrer Einschätzung bestimmter Parameter befragt habe.

Das soziale Umfeld stellt neben dem Beruf für viele das wichtigste Standbein dar. Sowohl die Familie als auch Freunde geben Rückhalt, wenn die beruflichen Erfolge ausbleiben, wenn das berufliche Umfeld sich verändert oder komplett wegbricht. Der emotionale Rückhalt aus der Familie ist ein wichtiger Aspekt, der nicht unter- schätzt werden sollte. Denn gerade mit engen Vertrauten können Sie die betrieblichen Umstände, berufliche Schwierigkeiten, aber auch Ihr eigenes Verhalten reflektieren und verarbeiten. Gleichzeitig können Sie mit diesen Menschen in die Zukunft schauen, neue Wege planen und Ideen entwickeln, und auch Ängste abzubauen fällt mit der Unterstützung Ihres sozialen Umfelds leichter als ohne es.
Zitat (Betroffener) R. B.:

> Anwälte sind eine professionelle Unterstützung, so konnte ich meine Ziele durchsetzen. Ob es mir hilft zu überleben, wird sich zeigen.

Zitat (Betroffener) S. H.:

> Ich war erst geschockt. Ich habe sofort mit meiner Frau gesprochen, anschließend mit Freunden, die sich mit diesem Thema professionell auskennen. Entweder weil sie auch entlassen wurden, Personaler sind oder Ahnung vom Arbeitsrecht haben. Ich suchte den Mix aus emotionaler und arbeitsrechtlicher Unterstützung.

Offenheit und gemeinsame Planung in der Familie sind Voraussetzung für die richtigen Schritte in die gemeinsame Zukunft. Hinsichtlich des Freundes- und Bekanntenkreises ist zu entscheiden, wen Sie wann ins Vertrauen ziehen. Wer sind Ihre wirklich guten Freunde, mit denen Sie über die Situation reden möchten und von denen Sie sich konstruktive Unterstützung erwarten?

Freunde erfüllen eine andere Funktion als Ihre Familie. Partner und Kinder sind mit betroffen, haben vielleicht eigene Sorgen. Freunde können zwar Anteil nehmen, sind aber in der Lage, neutral auf die Situation zu sehen und mögliche weitere Schritte mit Ihnen durchzusprechen und zu planen. Es ist sehr nützlich, jemanden zu haben, der einen ab und an mit der Realität, mit notwendigen Schritten und mit dem eigenen Verhalten konfrontiert. Vielleicht werden Sie aber auch die Erfahrung machen, dass sich in schwierigen Zeiten bei den Freunden die Spreu vom Weizen trennt.
Zitat (Betroffener) R. B.:

> Im persönlichen Umfeld habe ich sehr offen über meine Situation seit 2000 gesprochen. Ich habe es nicht nötig, den starken und erfolgreichen Manager zu spielen. Ich bin Opfer eines Managers geworden, dessen menschliche Kompetenz für diese Führungsposition nicht ausreicht.

Bei Freunden ist natürlich der Gedanke wichtig: Wer kennt wen und wer hat welche Erfahrungen selbst schon gemacht? Profitieren Sie von vorhandenen Kontakten und guten, aber auch weniger guten Erfahrungen.

Hilfreich ist es sicher auch, wenn Sie sich in der Familie überlegen, was Sie auf Nachfragen antworten. Es gibt keine Verpflichtung, alle möglichen Leute ins Vertrauen zu ziehen, nur weil sie z. B. in derselben Straße wohnen. Wem Sie was in welchem Umfang berichten entscheiden Sie.

Zitat (Betroffener) S. H.:

> Bis auf wenige enge Vertraute, auf deren Schweigen ich mich verlassen kann, und meine Ehefrau war niemand eingeweiht. Erst nach der Aufhebung habe ich weitere Personenkreise informiert. Ich würde dies wieder genauso machen.

Zitat (Betroffener) M. B.:

> Mein persönliches Umfeld war sehr entscheidend. Ich habe sehr schnell erzählt, was mir passiert ist. Es kamen neben vielen tröstenden Worten auch echt gute Ratschläge. Ich kann nur jedem raten, die Situation nicht zu verheimlichen.

Zitat (Betroffener) F. K.:

> Ich habe nur mit ausgewählten, wenigen Vertrauten das Thema besprochen. In der Nachbarschaft sagte ich, dass ich mich entschlossen habe, mich selbständig zu machen – was ja auch stimmt – um unangenehmen Fragen und Gesprächen aus dem Weg zu gehen.

Zitat (Betroffener) U. G.:

> Eigentlich bin ich zuerst sehr sachlich und ohne Schock oder Wut mit der Kündigung umgegangen. Man hatte als gekündigte Führungskraft im Unternehmen nahezu sämtliche Mitarbeiter auf seiner Seite, da die Identifikation mit dem Unternehmen und dem Geschäftsleitungskreis quasi nicht da war/nicht da ist. Nach Verkündigung der Trennung bekam man von Seiten der Mitarbeiter Glückwünsche, Gratulationen und sehr viel Anerkennung. Aussprachen wie: „Sei froh, dass Du da raus bist¡' und „Ich beneide Dich¡' kamen von mehreren Seiten. Diese Statements und die Tatsache, dass man mit mehreren Mitarbeitern und Führungskräften gleichzeitig das Unternehmen verlassen musste, haben sehr geholfen. Zudem konnte man nun einem monatlichen *Selbsthilfetreffen von Ex-Mitarbeitern* beiwohnen und seine Geschichte und Anekdoten in die Runde werfen.

2.1.2 Sich selbst mit der Situation arrangieren

Zitat (Betroffener) F. K.:

> Wichtig war zunächst mit der eigenen Verletztheit nicht die ganze Welt zu nerven, sondern sich erst einmal langsam zu sortieren, im engsten Freundeskreis und danach mit vertrauten Profis an den Arbeitsmarkt zu gehen.

Die Ausführungen zum Veränderungsprozess haben bereits deutlich gemacht, dass
Sie sich selbst etwas Zeit geben sollten, sich in die veränderte Situation einzufin-
den. Nutzen Sie die Zeit, die Sie jetzt haben, möglichst gewinnbringend für sich.
Unterscheiden Sie zwischen:

• Zeit für sich selbst
• Zeit für Beratung
• Zeit für Planung und Kontakte
• Zeit für Bewerbungen und Vorstellungsgespräche

Zeit für sich selbst Zeit für sich selbst ist auch die Zeit die Sie brauchen, um die
neue Situation zu verarbeiten.
Zitat (Betroffener) H. E.:

> In den folgenden Monaten der Suche nach einem neuen Job musste ich allerdings
> erkennen, dass es doch tief saß, dass man mich ein zweites Mal *herauskomplimentiert*
> hatte. Ich werde nie das Gespräch mit einem sehr renommierten Headhunter verges-
> sen, der mir aus seiner persönlichen Erfahrung berichtete und sagte, dass er selbst
> in der Situation drei Monate gebraucht habe, um aussprechen zu können, dass man
> ihn *rausgeschmissen* habe. Genau so ist das – und ich glaube, es ist extrem wichtig,
> ganz sorgsam zu sondieren, welchen Beitrag man selbst dazu geleistet hat, dass die
> handelnden Personen im Unternehmen es für besser gehalten haben, dass man die
> Firma verlässt.

Im Leben beruflich sehr stark engagierter Menschen gibt es immer Themen, Interessen und Bereiche, die zu kurz kommen. Die Zeit, die Sie jetzt haben, können Sie
auch für diese Dinge nutzen. Dabei geht es durchaus darum, sich selbst etwas Gutes
zu tun, Freude zu empfinden, um diese Zeit der Neuorientierung mit positiven
Aktivitäten zu verbinden.

• Wollten Sie vielleicht schon lange mal eine bestimmte Reise nur mit Ihrem
  Mann/Ihrer Frau unternehmen?
• Wollten Sie vielleicht schon lange mehr Sport treiben?
• Haben Sie sich nicht immer mehr Zeit mit Ihren Kindern gewünscht?
• Haben Sie nicht immer beklagt, dass Sie zu wenig Zeit für . . . haben?

Jetzt haben Sie die Zeit – nutzen und betrachten Sie sie als kleines Geschenk.

Zeit für Beratung, Planung, Kontakte und Bewerbungen Sie werden schnell
feststellen, dass Neuorientierung viel Zeit kostet. Sie werden mit vielen Leuten –
Beratern, Netzwerkpartnern, Firmenkontakten und, und, und – telefonieren und

sprechen. Sie benötigen Zeit für Ihre persönliche Bilanz und Zielfindung (siehe Kap. 3). Bewerbungen sind, wenn sie gut und überzeugend sein sollen, zeitintensiv (siehe Kap. 8). Diese Zeit ist gut investiert, denn sie ist das Fundament für Ihre Zukunft.

2.2 Professionelle Unterstützung

Viele Fragen und Aspekte der aktuellen Situation werden Sie ohne professionelle Unterstützung nicht erfolgreich beantworten können. Ganz oben auf der Liste möglicher Beratungsunterstützung steht dabei sicher die rechtliche Beratung. Hierbei geht es einfach darum, arbeitsrechtlich richtig zu handeln und die für Sie bestmögliche Vereinbarung/Lösung mit dem Arbeitgeber zu treffen. Aber auch andere Formen der Unterstützung sollten Sie nicht ohne Prüfung des persönlichen Nutzens vorschnell als unnötig verwerfen. Prüfen Sie sorgfältig, wer Ihnen in welchem Umfang helfen kann:

- Rechtsanwalt (Fachanwalt für Arbeitsrecht)
- Persönliches Coaching
- Outplacement-Beratung (siehe Kap. 8)
- Zusammenarbeit mit Personalberatern und Headhuntern (siehe Kap. 8)

2.2.1 Den richtigen Rechtsanwalt finden

Bei den Rechtsanwälten ist es nicht anders als in anderen Berufsgruppen. Nicht jeder kann alles und nur weil jemand Jura studiert hat, beherrscht er noch lange nicht alle Rechtsgebiete. Wenn Sie juristische Unterstützung in Fragen des Arbeitsrechts suchen, nehmen Sie sich einen Fachanwalt für Arbeitsrecht. Vielleicht hat in Ihrem Bekanntenkreis jemand schon Erfahrungen mit kompetenten Rechtsanwälten gemacht und kann Ihnen eine Empfehlung geben.

Zitat (Betroffener) M. B.:

> Ich habe schon zwei Tage nach der Kündigung einen Fachanwalt für Arbeitsrecht aufgesucht. Mir war klar, dass ich dadurch eine bessere Verhandlungsposition für eine Abfindung habe.

Zitat (Betroffener) F. K.:

> Natürlich muss sich der Anwalt in Arbeitsrecht auskennen. Viel wichtiger ist aber, darauf zu achten, dass der Anwalt nicht unnötig eskaliert und versucht, bereits eroberte Gebiete zu erkämpfen oder mit juristischen Spitzen unnötig zu eskalieren oder in juristische Fachkonkurrenz zum gegnerischen Anwalt tritt.

Bevor Sie einen Kontrakt mit einem Anwalt schließen, sollten Sie folgende Fragen prüfen:

- Was muss ich bei der Auswahl eines Rechtsanwaltes beachten?
- Ist er Fachanwalt für Arbeitsrecht?
- Hat er Erfahrung in der Vertretung ähnlicher Klienten?
- Hat er ähnliche Fälle schon erfolgreich bearbeitet? Kann er das dokumentieren?
- Wie lange arbeitet er schon in diesem Bereich?
- Gibt es Beziehungen zu dem Unternehmen gegen das Sie sich vertreten lassen wollen?
- Kann er juristische Sachverhalte für den Laien übersetzen, drückt er sich verständlich aus?
- Gibt es in der Kanzlei mehrere Ansprechpartner für Arbeitsrecht, mit denen man sich in schwierigen Fällen beraten kann?
- Ist der Rechtsanwalt vom Preis her akzeptabel?
- Liegt er mit den Erstberatungskosten im Durchschnitt?
- Klärt er Sie über die Kosten auf?
- Kann er Ihnen Tipps zur Finanzierung der anfallenden Rechtsanwaltskosten geben?
- Ist das Erstberatungsgespräch gut verlaufen?
- Gibt er Ihnen die nötige Transparenz über den Verlauf?
- Bietet er Lösungsansätze und realistische Ziele?
- Entwickelt er zügig eine Strategie zum besten Vorgehen in Ihrer Situation? (Anwälte, die von vorneherein zur gerichtlichen Auseinandersetzung raten, sind oft unsicher und daher nicht zu empfehlen.)
- Haben Sie sich bei dem Rechtsanwalt gut aufgehoben gefühlt? (Stimmt die *Chemie*?)
- Erläutert er Ihnen Ihre Chancen auf Erfolg?
- Nimmt sich der Rechtsanwalt für die erste Beratung und die folgenden genügend Zeit?
- Werden Zusagen und Absprachen zeitnah umgesetzt?
- Hält er Termine ein?
- Ist er gut zu erreichen?
- Wirkt er souverän und fachlich kompetent?

In der Zusammenarbeit mit einem Rechtsanwalt geht es um die Durchsetzung Ihrer Interessen gegenüber Ihrem Arbeitgeber. Im ersten Schritt gilt es zu prüfen, welche Möglichkeiten Sie überhaupt haben und ob Sie gegebenenfalls Ansprüche wie z. B. eine Abfindung geltend machen können. Im zweiten Schritt geht es um die Festlegung der Strategie und um die Klärung der Ansprüche, die Sie geltend machen wollen. Allein die Art und die Höhe der Abfindungsbestandteile und die Gestaltung der Zusammenarbeit bis zur Beendigung Ihres Arbeitsvertrags sind so facettenreich und können so viele im Vorfeld schwer einschätzbare juristische und steuerliche Folgen haben, dass Sie auf eine Beratung nicht verzichten sollten. In Kap. 1 finden Sie die Aspekte, auf die Sie unter arbeitsrechtlichen Gesichtspunkten bei Ihren Abfindungsvereinbarungen achten müssen.

Zitat (Betroffener) M. B.:

> Wie beurteilen Sie die Unterstützung durch Anwälte?
> Schon vor der Kündigung *fachmännischen Rat* einholen, ob man kündbar ist. Ein oder zwei Stunden Arbeitslohn für einen Fachmann sind vollkommen gerechtfertigt bei einer klaren Sachlage. Darüber hinaus würde ich darauf achten, dass der Anwalt sich intensiv mit dem Fall beschäftigt (z. B. den Arbeitsvertrag dezidiert auseinander nimmt).

Zitat (Handelnder auf Seiten des Unternehmens) F. K.:

> Ein beratender Anwalt im Hintergrund hilft zu vermeiden, sich selbst juristische Eigentore zu schießen und kann rechtzeitig – falls die Situation eskaliert – kompetent eingreifen.

Zitat (Betroffener) U. G.:

> Professionelle Unterstützung habe ich lediglich in Form eines Arbeitsrechtlers hinzugezogen. Dieser Arbeitsrechtler betreute zum damaligen Zeitpunkt nahezu sämtliche Klagen gegen den damaligen Arbeitgeber.

Die Zusammenarbeit mit einem Rechtsanwalt erfolgt nicht mit der Zielsetzung, gegen ihren Arbeitgeber zu klagen. Es geht erst einmal darum zu prüfen, ob die Kündigung rechtmäßig ist, also bei Zugrundelegung aller arbeitsrechtlichen Vorschriften vor Gericht Bestand hat. Ist die Kündigung mit einem Abfindungsangebot verbunden, geht es darum zu prüfen, ob das Angebot, das Ihnen Ihr Arbeitgeber gemacht hat, angesichts der rechtlichen Situation angemessen ist. Es ist verständlich, dass ein Arbeitgeber nicht gleich mit der maximalen Leistung an Sie herantritt. Deswegen müssen Sie unter Beachtung aller Fakten klären, was möglich ist, um in Verhandlungssituationen mit dem Arbeitgeber gezielt argumentieren und verhandeln zu können. Ein Rechtsstreit sollte erst dann angestrebt werden, wenn auf anderem Wege keine Lösung möglich ist. Die Ausführungen in diesem Buch machen deutlich, dass das Arbeitsrecht sehr komplex ist und wir mit *gesundem Menschenverstand* bei Verhandlungen mit dem Arbeitgeber nicht sehr weit kommen werden. Adressen von Fachanwälten für Arbeitsrecht finden Sie z. B. unter

- www.anwalt24.de
- www.rechtsanwaltsuche.de
- www.rechtsanwalt.com
- www.anwaltauskunft.de
- www.anwalt-suchservice.de
- www.experten-branchenbuch.de

Auf diesen Seiten können Sie aus den verschiedenen Fachbereichen das Arbeitsrecht auswählen, und erhalten eine Liste mit spezialisierten Rechtsanwälten.

2.2.2 Persönliches Coaching

Zitat (Betroffener) S. H.:

> Wie beurteilen Sie die Unterstützungsleistung von einem persönlichen Coach?
> Wichtig. Nun hatte ich da nicht nur einen, sondern mehrere, wenn auch nicht klassische Coaches. Aber diese beratende und insbesondere emotionale Unterstützung erscheint mit sehr wichtig.

Ein persönliches Coaching kann viele Vorteile und breiten Nutzen für Sie haben. Je nach dem, wo Sie Ihren Schwerpunkt setzen, können Sie Ihre individuelle Situation, Ihre persönliche Entwicklung, aber auch Ihre Karriere in den Vordergrund rücken. Zum Teil kann ein Coach sicher auch Aspekte einer Outplacement-Beratung übernehmen, wenn der Coach über das entsprechende Kompetenzprofil verfügt.
Zitat (Betroffener) M. B.:

> Einen Headhunter habe ich nicht hinzugezogen. Meinen Anwalt empfand ich als eher schlecht. Mein Fall war halt ein kleiner Fisch für ihn. Trotzdem beruhigt es, einen Anwalt an der Seite zu haben. Nur zu viel Engagement sollte man sich von ihm nicht versprechen. Ein persönlicher Coach (in meinem Fall eine Freundin) war wohl der wichtigste Part. Mit ihr habe ich unmittelbar nach der Kündigung gesprochen wie auch in der Vorbereitung für die Verhandlungstermine. Sehr wertvoll und jedem zu empfehlen. Auch wenn es etwas kostet.

Unter *Coaching* verstehen wir hier die zeitlich befristete Begleitung von Führungskräften mit dem Ziel, einen persönlichen Entwicklungsprozess anzustoßen und – soweit erforderlich – zu unterstützen. Dabei vereint das Coaching die intensive Reflexion des eigenen Verhaltens, die Erarbeitung von neuen, veränderten Verhaltensstrategien und dort, wo hilfreich und zielführend, das Trainieren von Kompetenzen und die Wissensvermittlung. In einer Trennungs- und Neuorientierungssituation kann die persönliche Karriereberatung, das gemeinsame Erarbeiten eines Kompetenzprofils und die Entwicklung einer Karrierestrategie ebenso Bestandteil des Coachings sein.

Zitat (Handelnder aus dem Unternehmen) F. K.:

> Ein guter Coach hilft, sich zu schützen, klar zu bleiben, sich besonnen zu verhalten und die eigene Situation, die des Unternehmens und der handelnden Personen zu verstehen.

Gehen Sie mit den richtigen Erwartungen an ein Coaching heran – Coaching ist immer Hilfe zur Selbsthilfe. Der Coach soll Sie dabei unterstützen, Ihre potenziell vorhandenen Eigenschaften und Fähigkeiten sichtbar und nutzbar zu machen: Es geht also darum, Sie darin zu begleiten, zu einem zielführenden, zukunftsorientierten Verhalten zu finden. Gerade in der für Sie bestehenden Veränderungssituation spielt hierbei die Veränderung des eigenen Blickwinkels eine große Rolle. Durch Gespräche und Anregungen gewinnen Sie eine andere Einstellung zu problematischen Situationen und zu den eigenen Möglichkeiten. Dadurch können Sie mit mehr Kraft auf Ihre Ressourcen zurückgreifen und Dinge aktiv in Ihrem Sinne gestalten.

Coaching ist eine ziel- und ergebnisorientierte Beratungsleistung. Das von Ihnen definierte Ziel ist sozusagen der *Fixstern* für den Prozess. Und dafür bietet Coaching ein sehr intensives Arbeits- und Entwicklungssetting, das schneller zur Erreichung der gewünschten Ziele führt, als dies z. B. in einem Training möglich wäre. Im Coaching arbeiten Sie immer und ausschließlich an den für Sie relevanten Themen, Problemen und Fragestellungen. In diesem Sinne erstellen Sie gemeinsam mit dem Coach einen *Fahrplan* für die Zusammenarbeit. Der Plan beschreibt alle notwendigen Aktivitäten, Etappenziele sowie den zeitlichen Ablauf.

Keine gute Idee ist es, sich im Rahmen des Trennungsprozesses zu einem Coaching verpflichten zu lassen oder einen Coach zu akzeptieren, der Ihnen vorgegeben und persönlich nicht sympathisch ist. Ein erfolgreicher Coaching-Prozess setzt voraus, dass Sie freiwillig und mit eigener Motivation ans Werk gehen. Sie müssen im Coaching eine wirksame und geeignete Form der Unterstützung für sich selber sehen, gerade weil es eine vertrauensvolle Beziehung zwischen Ihnen und Ihrem Coach voraussetzt. Die Chemie muss stimmen.

2.2.3 Den richtigen Coach finden

Die Auswahl eines Coachs ist nicht immer ganz leicht. Wenn Sie im Internet oder auch nur im Telefonbuch schauen, werden Sie zwar schnell eine ausreichende Anzahl finden. Doch für die Auswahl des für Sie passenden Coachs hilft nur das persönliche Gespräch. Sprechen Sie ruhig mit Coachs, die Sie vom Unternehmen oder durch Bekannte empfohlen bekommen. Wichtig für Ihre Wahl sind zum einen die fachliche Basis und Kompetenz des Coachs (seine Seriosität), zum anderen die persönliche Sympathie zwischen Ihnen beiden. Schwarze Schafe finden Sie überall und eine standardisierte Ausbildung zum Coach gibt es nicht.

Der erste Schritt liegt für Sie in der Klärung Ihrer Erwartungen an ein Coaching:

- Bearbeiten und Klären der persönlichen Situation und Betroffenheit
- Erarbeiten eines aktuellen Kompetenzprofils, Erhalten von Feedback zu Stärken und Schwächen
- Training und Weiterentwicklung bestimmter Kompetenzfelder
- Klären der beruflichen Ziele und Perspektiven, Entwickeln einer Karrierestrategie
- Unterstützung bei der Neuorientierung
- Vorbereitung und Unterstützung im Bewerbungsprozess
- ...

Beantworten Sie folgende Fragen für sich:

- Was ist mein primäres Anliegen?
- Was soll sich nach dem Coaching verändert haben?
- An welchen Kompetenzen, Verhaltensweisen will ich arbeiten? Was will ich lernen?

Im zweiten Schritt geht es darum, im ersten Kontakt herauszufinden, ob der Coach für Sie der richtige Sparringspartner ist. Es ist unerlässlich, sich einen guten und umfassenden Eindruck von ihm als Person und von seinen Kompetenzen zu verschaffen. Nachfolgende Fragen helfen dabei:

- Ist Ihnen der Coach grundsätzlich sympathisch, wirkt er auf Sie vertrauenswürdig?
- Hat er eine psychologische Ausbildung oder Weiterbildung?
- War er selbst in der Industrie/Wirtschaft tätig, kann er Ihre Anliegen verstehen?

- Verfügt er über Führungserfahrung, kennt er die berufliche Praxis aus eigener Erfahrung?
- Verfügt er über langjährige Coaching-Erfahrung?
- Deckt sein Kompetenzspektrum Ihre Erwartungen ab (Bearbeiten der persönlichen Betroffenheit, Karrierestrategie, Kompetenzerweiterung, etc.)?
- Kennt er Ihre Branche (nicht in jedem Fall notwendig)?
- Hat er Sie ausführlich zu Ihren Zielen, Erwartungen und Wünschen bezüglich des Coachings befragt?
- Ist die Beratung transparent, das heißt werden Ziele, Erwartungen, Vorgehensweise und Zeitplan abgesprochen?
- Verhält sich der Coach professionell hinsichtlich Auftragsabwicklung und -abrechnung?
- Enthält der Vertrag zwischen Ihnen und dem Coach eine Verschwiegenheitsklausel?
- Kommt Ihnen die Termingestaltung (Flexibilität, Abstände zwischen den Terminen, Dauer der Termine, etc.) entgegen?
- Steht der Coach Ihnen auch außerhalb der offiziellen Termine für Fragen und Anliegen in Form telefonischer Beratung oder auch per E-Mail zur Verfügung?

Wenn Sie sich völlig neu auf die Suche nach einem Coach begeben, können folgende Vermittlungsstellen eine Hilfestellung sein:

1. www.coach-profile.de
   Auf dieser Homepage können Sie auf zwei Wegen einen Coach finden. Man kann die Suche über eine geografische Landkarte beginnen, oder aber eine Detailsuche mit Hilfe von Auswahlkriterien starten. Die Kompetenzen und weitere Informationen zur Person sowie die Kontaktdaten können direkt eingesehen werden.
2. www.coach-datenbank.de
   Stammt vom gleichen Herausgeber wie die obige Homepage, doch finden Sie hier andere Coachs. Auf dieser Seite befinden sich weitere Dienste zum Thema Coach.
3. www.coachingportal.de
   Auf dieser Homepage der Deutschen Psychologen Akademie können Sie über den Button Coachsuche den gewünschten Themenbereich sowie die Erfahrungshintergründe des Coachs abfragen.
4. www.european-coaching-association.de
   Die European Coaching Association e. V. ist ein europaweit vernetzter Verbund professioneller Coaches.

5. www.dbvc.de

   Der Deutsche Bundesverband Coaching e. V. ist führender Verband für Business
   Coaching und fokussiert auf Leadership. Durch die Verbandsstruktur werden Seriosität, Qualitätsstandards und Professionalität im Coaching-Bereich
   gesichert.

2.2.4 Der Coachingprozess

Alle Fragen zum Coaching selbst werden ebenfalls im Vorabgespräch geklärt:

- Klären Ihrer Erwartungen an das Coaching
- Klären Ihrer Ziele für das Coaching
- Klären der Leistungen des Coachs für Sie
- Absprache zu Vorgehen und Umfang des Coachings

Der Verlauf und die Dauer des Coachings hängen von Ihrer persönlichen Situation
und Ihren Ziele ab. Sehr spezifische Fragen können sicher im Rahmen weniger Treffen geklärt werden, da Sie, unterstützt durch den Coach, bei einem klar umrissenen
Problem in relativ kurzer Zeit eine Lösung oder eine veränderte Verhaltensstrategie
entwickeln können.

Wünschen Sie sich eher einen längerfristigen Sparringspartner, wird ein entspre-
chender Rahmen vereinbart. In der Regel wird zu Beginn ein gewisses Kontingent
an Stunden oder Terminen vereinbart. Grundsätzlich sollte aber die Vereinbarung
gelten, dass das Coaching an dem Punkt endet, wo Sie der Überzeugung sind, dass
Sie die für Sie notwendige Unterstützung erhalten haben und Ihren Weg jetzt allein
weitergehen können. Vielleicht ist das für Sie der Zeitpunkt, an dem Sie eine neue
Position gefunden haben. Vielleicht entscheiden Sie aber auch, sich während des
Einstiegs im neuen Unternehmen durch Ihren Sparringspartner begleiten zu lassen.
Dies hängt davon ab, wie wichtig das Coaching für Sie ist, aber auch eine finanzielle
Frage.

Wenn Sie ein Coaching vom Unternehmen finanziert bekommen, wird das
Ihnen dafür zur Verfügung stehende Budget irgendwann aufgebraucht sein und Sie
müssen entscheiden, ob Sie den Coach privat weiterfinanzieren wollen. Bedenken
Sie immer: Coaching ist eine Begleitung auf Zeit und sollte nicht zum Dauerzustand
werden.

Üblicherweise stimmen Sie die Abfolge der Termine am Anfang mit dem Coach
ab. Oft ist es hilfreich, zu Beginn Termine in kurzen Zeitabständen zu wählen, da
zu diesem Zeitpunkt in der Regel bei Ihnen größerer Gesprächsbedarf besteht. Es
empfiehlt sich, wöchentliche oder zweiwöchentliche Termine zu vereinbaren. Die

Abstände zwischen den Terminen können im Verlauf des Coachings vergrößert werden oder sich nach Ihrem Bedarf richten. Hilfreich ist es für aktuelle Themen Telefontermine mit dem Coach zu vereinbaren.

Häufig werden für ein Coaching Termine von ca. 2–3 Stunden vereinbart. Gerade zu Beginn ist es aber sehr hilfreich, ganztägige Termine zu vereinbaren. Hier haben Sie dann die Gelegenheit, z. B. eine umfassende *Bestandsaufnahme* zu machen, ein Kompetenzprofil zu erarbeiten, eine Karrierestrategie zu entwickeln oder auch bestimmte Kompetenzen zu trainieren.

Zitat (Betroffener) M. B.:

> Meine Tipps: Nimm Dir einen Anwalt. Nimm Dir einen Coach oder einen guten Bekannten, der mit der Situation umgehen kann (emotional).
>
> Ein Gütetermin vor Gericht erhöht die Abfindung oft, vor allem wenn die Rechtsschutzversicherung die eigenen Anwaltskosten übernimmt.
>
> Behandle die Kündigung nicht wie ein Geheimnis. Je mehr Leute davon wissen, desto mehr können dir helfen.
>
> Sprich mit deinem Anwalt bei dem Gütetermin den Fortgang der Verhandlung ab und pokere hoch. Runtergehandelt wird man meistens doch noch . . . .

2.3 Nehmen Sie Ihr Leben in die Hand

Nach der Verarbeitung des ersten Schocks und der Betrachtung Ihrer neuen Situation haben wir Ihnen die zentralen Anlaufstellen im sozialen und professionellen Umfeld aufgezeigt. Mit dem Rückhalt aus Ihrer Familie und von Ihren Freunden sowie der Unterstützung durch einen Anwalt und/oder Coach gilt es nun den Blick nach vorne zu richten.

Was möchten Sie in Zukunft ändern bzw. anders machen? Sie haben sich nun schon viele Situationen mehrfach durch den Kopf gehen lassen – welche möchten sie davon so nicht noch einmal erleben und welche empfanden Sie als angenehm?

Diese grundlegenden Gedanken helfen Ihnen die nächsten Schritte zu planen – wie können Sie Situationen, die Ihnen überhaupt nicht gefallen haben, in Zukunft vermeiden, aus welchen Gründen kam es zu diesen Situationen? Wichtig wäre hier zu unterscheiden, ob Sie personen- oder handlungsabhängig waren. Die folgende Tab. 2.1 hilft Ihnen Ihre Gedanken zu strukturieren.

Anhand der Ergebnisse Ihrer Lösungsansätze können Sie nun ableiten, wie Sie mit welchen Gegebenheiten in Zukunft umgehen möchten, um Sie erfolgreicher zu gestalten. Vielleicht haben Sie für bestimmte Situationen keine akzeptable Lösung gefunden, die Frage wäre hier: Können Sie zukünftig etwas an Rahmenbedingungen ändern, um solche Situationen zu vermeiden? Falls Sie an den Rahmenbedingungen

Tab. 2.1 Nehmen Sie Ihr Leben in die Hand

Arbeitsstelle:			Zeitraum:	
angenehme Situation	unangenehme Situation	Handlungs-abhängig	Personen-abhängig	Lösungs-möglichkeiten

nichts ändern können, sollten Sie sich schon jetzt damit befassen, wie Sie künftig solche Sachlagen positiv gestalten wollen.

Diese Zeit des Nachdenkens, der Selbstreflexion und des Verarbeitens ist für Ihre berufliche und persönliche Weiterentwicklung wichtig. Schließen Sie diese Phase für sich ab, bevor Sie einen Neubeginn starten, denn die Wahrscheinlichkeit in gleiche Muster und Strukturen zurückzufallen ist ansonsten sehr hoch. Auch wenn es Ihnen müßig erscheint, der Verarbeitungsprozess verdeutlicht Ihnen noch einmal erlebte Situationen mit all Ihren Möglichkeiten und schafft Klarheit für einen guten Neustart.

Wo fängt man an und wo möchte man hin? Sie haben sich nun ausgiebig mit vergangenen Situationen auseinandergesetzt und diese reflektiert. Nun geht es ans Planen der künftigen Schritte unter Berücksichtigung der Erfahrungen, die Sie gemacht haben. Stellen Sie sich folgende Fragen:

• Was will ich (erreichen, verändern, tun, können oder fühlen)?
• Welches konkrete Verhalten, Gefühl, Ereignis würde zeigen, dass ich mein Ziel erreicht habe?
• In welchen Lernbereichen oder Situationen will ich mein Ziel erreichen?
• Bis wann will ich mein Ziel erreicht haben?

Auch wenn viele interessante Ziele zusammengekommen sind, bitte gehen Sie nicht alle auf einmal an. Zu große Erwartungen und Ansprüche an sich selbst sind meist der beste Weg die Ziele nicht zu erreichen. Die Erfolgswahrscheinlichkeit ist viel größer, wenn Sie sich kleine Ziele setzen und Ihre großen Ziele in Teilziele unterteilen. Schreiben Sie sich diese Teilziele auf, als kleine Motivationshilfe, so verliert man das Ziel nicht so schnell aus den Augen, es ist verbindlicher.

Auch wenn Sie sehr motiviert sind: Hinterfragen Sie Ihre Ziele von Zeit zu Zeit, um zu überprüfen, ob Sie noch auf dem richtigen Weg sind:

• Was will ich mit meinem Ziel eigentlich erreichen?
• Worum geht es mir eigentlich?
• Und erreiche ich dies tatsächlich durch meine Vorgehensweise?
• Was sind die Vor- und Nachteile meines Zieles?
• …

Wenn Sie sich Ihrer Ziele sicher sind, ist es viel einfacher durchzuhalten, auch wenn ab und an Durststrecken kommen. Setzen Sie sich kleine Motivationsziele, richten Sie sich feste Zeiten ein, wann Sie an Ihren Zielen arbeiten wollen, und bedenken Sie die Wichtigkeit Ihres Zieles. Falls Sie zwischendurch mal ein Motivationstief haben, lassen Sie sich von Familie oder Freunden daran erinnern und ermutigen – so erhalten Sie Ansporn von außen.

• Machen Sie sich zudem Gedanken über die Schwierigkeiten und Risiken:
• Welche Umstände begünstigen Ihre Zielerreichung?
• Welche Umstände behindern Ihre Zielerreichung?
• Wie können Sie es sich selbst einfacher machen?
• Wie können Sie Ihre Umgebung verändern, um die Zielerreichung zu vereinfachen?
• Wann benötigen Sie Hilfe von außen, um Ihr Ziel zu erreichen?

Wenn Sie Risiken und Probleme von vornherein in Ihre Planung aufnehmen, wird es Ihnen viel leichter fallen zu reagieren, wenn diese Schwierigkeiten tatsächlich auf Sie zukommen. Hier noch einmal alle wichtigen Fragen zur Planung auf einen Blick:

• Legen Sie Ihr Ziel fest.
• Überprüfen Sie Ihre Zielsetzung.
• Legen Sie Teilziele fest und beschreiben Sie diese.
• Planen Sie genau die Schritte, die zur Erreichung der Teilziele notwendig sind.
• Bedenken Sie Risiken und Schwierigkeiten. Überlegen Sie, wie Sie trotzdem Ihr Ziel erreichen können.
• Starten Sie.

Wenn das Selbstbild ins Wanken gerät 3

Zusammenfassung

Leider ist in vielen Unternehmen keine *anständige* Trennungskultur vorhanden. So geht bei den Betroffenen eine Kündigung fast immer auch mit einer Verletzung des Selbstwertgefühls einher. Sie fragen sich: Warum ich? Habe ich nicht immer alles gegeben? Stimmt das, was ich bisher über mich und meine Qualitäten geglaubt habe, überhaupt?

In diesem Kapitel helfen wir Ihnen, Ihre persönliche Bilanz zu ziehen. Was sind Ihre Stärken und Schwächen? Wie sehen mich andere? Wir blicken mit Ihnen in die Vergangenheit, Gegenwart und Zukunft, damit Sie so Ihre privaten, persönlichen und beruflich-karrierebezogenen Ziele wieder klar sehen und greifbar herausarbeiten können. Wir prüfen mit Ihnen, ob sich Ihre Ziele miteinander realistisch vereinbaren lassen.

Dies ist eine wesentliche Vorbereitung für die weiteren Schritte bei der Suche nach einer neuen Position.

In einer Sache können Sie sich ganz sicher sein: Eine Kündigung ist für alle davon Betroffenen eine harte und persönlich sehr belastende Situation. Die Schwierigkeit, mit der Aussage: *Wir wollen Sie nicht mehr!* umzugehen und sie vor allem richtig einzuordnen, erleben wir sogar dann, wenn die Trennung durch die Führungskraft quasi selbst als möglicher Ausgang einer Verhandlung mit der Unternehmensleitung eingeplant wurde. Auch hier führt das Nicht-Eingehen des Unternehmens auf ein Verhandlungsangebot zu einer starken persönlichen Verunsicherung und Kränkung des Selbstwertgefühls.

Zum Teil wird das persönliche Erleben der *Krisensituation* durch die Art und Weise der Kündigung verschärft. Relevant ist auch, wie danach im Unternehmen und in Verhandlungssituationen mit der (ehemaligen) Führungskraft umgegangen wird.

M. Lorenz, U. Rohrschneider, *Neuorientierung für Führungskräfte*, 37
DOI 10.1007/978-3-658-05142-6_3, © Springer Fachmedien Wiesbaden 2014

Zitat (Betroffener) U. G.:

> Nicht zu viel über die Tragweite der Trennung oder Kündigung nachdenken und auf
> gar keinen Fall das eigene Selbstwertgefühl in Mitleidenschaft ziehen lassen.
> Die Sache als eine *gute Erfahrung* betrachten und die eigene Leistung nicht anzweifeln.
> Ruhig Wut und Zorn zulassen.

Dass in vielen Unternehmen keine Trennungskultur, sondern vielmehr eine *Unkultur* besteht, können viele Betroffenen bestätigen. So gibt es kaum Unterstützung für den Gekündigten bei der Suche nach einer neuen adäquaten Position. Der Umgang miteinander und Gespräche werden schnell konfliktbeladen. Dabei wird viel Porzellan zerschlagen. Häufig treten finanzielle Aspekte in den Vordergrund. Laurenz Andrzejewski (2002) definiert Trennungskultur als *Summe aller Regeln und Maßnahmen, die Trennungen und Veränderungen in Unternehmen fair und professionell machen. Trennungskultur ist manifest, wenn Trennung und Veränderungen mit möglichst geringen Verletzungen der Persönlichkeit aller Beteiligten einhergehen.* Die heute häufig fehlende Trennungskultur ist zum einen in der grundsätzlichen Unternehmenskultur begründet. In vielen Fällen hängt sie aber eng mit der unzureichenden Qualifizierung und der eigenen Angst der Ausführenden auf Seiten des Unternehmens zusammen.

Alle Erfahrungsberichte machen deutlich, dass Kränkung, Enttäuschung und Schmerz tief reichen und oft viel Zeit benötigt wird, um sich davon wieder zu befreien und nach vorne zu schauen.

Zitat (Betroffener) F. K.:

> Es bleibt das Gefühl, als ehrlicher Schaffer, kompetenter Spezialist und Führungskraft
> für interne Spielchen im Unternehmen missbraucht worden zu sein. Man fühlt sich
> entehrt. Es erfordert erhebliche Kraft, seinen Stolz und sein Selbstwertgefühl nicht zu
> verlieren, da die stark Identität stiftende Arbeit entzogen wurde.

Fragen wie:

- „Warum ich?"
- „Was gibt es an meinen Leistungen auszusetzen?"
- „Habe ich nicht immer alles getan?"
- „Gehörte ich nicht immer zu den Ersten und den Letzten im Büro?"„Was habe ich nicht oder falsch gemacht?"

sind ganz normal.

Zitat (Betroffener) M. B.:

„Aber ich bin doch am längsten Dabei, da kann es mich doch gar nicht treffen." Davon war ich überzeugt, doch weit gefehlt. Die Fakten sahen anders aus, bzw. sind anders interpretiert worden.

Gerade wenn wir es bis in eine Führungsposition geschafft haben, liegen wahrscheinlich harte Zeiten hinter uns. Die erlebten Erfolge und Beförderungen dienen als Basis eines wachsenden Selbstwert- und Kompetenzgefühls. Statussymbole, Verantwortung, Freiräume und vieles mehr vermitteln täglich den eigenen Wert und geben eine Identität, Identifikation und täglich Bestätigung. Mit einem Handstreich wird das alles vernichtet – das Selbstbild wankt: Stimmt das, was ich bisher von mir geglaubt habe, überhaupt? Was bin ich eigentlich jetzt noch wert? *Das* darf keiner wissen! – sind nur allzu verständliche Reaktionen.

An diesem Punkt ist es wichtig – wenn auch nicht in jedem Moment leicht – einen klaren Kopf zu behalten und ein möglichst objektives Bild des eigenen Wertes, der vorhandenen Kompetenzen und erreichten Erfolge zu behalten. Zitat (Betroffener) U. G.:

> Fehlende berufliche Perspektive und Demotivation. Das Gefühl einer sinnstiftenden Tätigkeit hat fast komplett gefehlt. Das Bedürfnis, etwas ganz anderes zu machen, war vorhanden.

Hilfreich ist es in diesem Moment, einmal eine persönliche Bilanz zu ziehen, Erfolge, Stärken, Kompetenzen, Vorzüge, aber auch Schwächen und evtl. erlebte Misserfolge zusammenzutragen. Verschaffen Sie sich einen klaren Blick dafür, was Sie können und was Sie wert sind. Das schützt Sie nicht nur davor, in ein *Loch* zu fallen, es ist auch eine wesentliche Vorbereitung auf weitere Schritte bei der Suche nach einer neuen Position.

3.1 Standortbestimmung: Wo stehe ich heute?

Eine persönliche Bilanz ist der Ausgangspunkt für Ihre weiteren Schritte. Daher betrachten wir im Folgenden die Aspekte, die Sie zu einer detaillierten Aufstellung Ihrer derzeitigen Ausgangsposition benötigen. Diese Resultate bilden die Grundlage Ihres weiteren Handelns. So können Sie Ihre eigene Person klarer vor zukünftigen Arbeitgebern positionieren. Diese Betrachtung sollte möglichst ganzheitlich erfolgen und die Vergangenheit, Gegenwart und Zukunft einbeziehen. Zunächst richten wir den Blick in die Gegenwart und Zukunft und beschäftigen uns mit Zielen und dem Zeitmanagement. Im nächsten Schritt wandert der Blick in die Vergangenheit. Wie beschäftigen uns intensiv mit Ihren Stärken und Schwächen.

3.1.1 Vom *Ist* zum *Soll*

Um definieren zu können, was Ihnen wichtig ist und welches Ihre Ziele sind, müssen Sie erst einmal Bilanz ziehen und schauen, wo Sie heute stehen und wie zufrieden Sie eigentlich mit dem sind, was Sie derzeit haben. Danach erst können Sie die Übereinstimmungen mit oder Abweichungen von Ihren Zielen herausstellen und beginnen zu handeln. Nachfolgende Fragensammlung leistet Ihnen Hilfestellung bei Ihrer persönlichen Bilanz. Am besten nehmen Sie sich einen Block und schreiben jede Frage auf ein leeres Blatt Papier. Ihre Gedanken und Antworten zu der Frage tragen Sie dann nach und nach auf diesen Blättern ein. Alle Fragen sollten Sie einmal für den beruflichen und einmal für den privaten Bereich beantworten.

- Was mögen Sie besonders in Ihrem Leben/Beruf?
- Was möchten Sie auf keinen Fall mehr missen?
- Was hat Ihnen in der Vergangenheit besonders viel Spaß gemacht?
- Welche Dinge/Aufgaben motivieren Sie und spenden Ihnen Energie?
- Was gab es für Erfolgserlebnisse in den letzten Jahren und wodurch kamen sie zustande?
- Was mögen Sie nicht in Ihrem Leben/Beruf?
- Was tun Sie, obwohl es Ihnen keinen Spaß macht?
- Welche Dinge sollen in Ihrem zukünftigen Leben/Beruf keinen Platz mehr haben? (Denken Sie hier besonders an Ärgernisse und echte Frustfaktoren, die Ihnen oft den Spaß an der Arbeit oder an anderen Dingen verdorben haben, und auf die Sie zukünftig verzichten möchten.)

Die Bilanz für Ihr Berufs- wie auch für Ihr Privatleben bildet erst zusammengenommen ein Ganzes, denn beide beeinflussen sich gegenseitig.

3.1.2 Wofür nutze ich meine Zeit?

Fragen Sie sich einmal, in welche Lebensbereiche Sie wie viel Zeit investieren? Bei der Antwort hilft Ihnen nachfolgendes Zeitrad in Abb. 3.1. Tragen Sie in einem ersten Schritt zu jedem Aspekt ein, wie viel Prozent Ihrer Zeit Sie nach Ihrer Schätzung für diesen Bereich aufwenden. Ihre Gesamtzeit beträgt 100 %, mehr können Sie nicht vergeben.

Vielleicht gibt es noch andere als die aufgeführten Bereiche, die Sie in das Zeitrad aufnehmen wollen. Tragen Sie hierfür einfach eine weitere Linie ein oder streichen Sie für Sie irrelevante Bereiche.

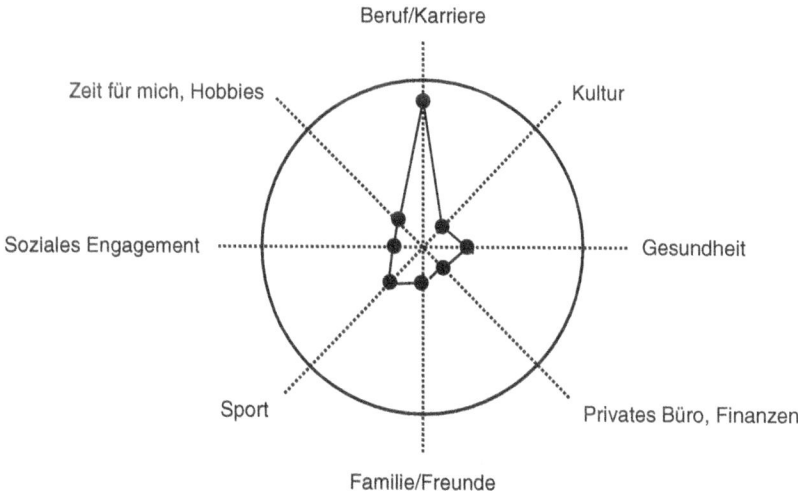

Abb. 3.1 Wofür nutze ich meine Zeit

Auf der Linie markieren Sie mit einem Punkt die Menge an Zeit, die Sie für diese Aktivitäten aufwenden. Verbinden Sie am Ende alle Punkte miteinander, erhalten Sie ein Flächendiagramm, das verdeutlicht, wie viel Zeit Sie in was investieren.

Überrascht Sie das Ergebnis? Oder war Ihnen klar, wie Ihre Zeitverteilung aussieht? Im nächsten Schritt müssen Sie prüfen, ob diese Zeitverteilung für Sie so stimmt oder ob Sie Ihre Zeit zukünftig anders nutzen wollen? Dies hängt eng mit der Definition Ihrer Ziele für die nächsten Monate und auch Jahre zusammen. Einige Anregungen zur Zielfindung finden Sie im nächsten Abschnitt.

3.2 Zielfindung: Was ist wirklich wichtig?

Zitat (Betroffener) U. G.:

> Am meisten geholfen haben mir Gespräche mit Freunden, die Aktivierung des Netzwerkes und die oftmalige Auseinandersetzung mit den beruflichen Zielen und Wünschen.

„Wer nicht weiß wohin er will, wird überall und nirgends ankommen." Diese schlichte Weisheit macht deutlich, wie wichtig Ziele für uns sind. Sie geben uns Richtung und Orientierung, sie machen uns deutlich, wofür wir was investieren wollen. Ein Ansatzpunkt, um Ziele zu definieren, ist Ihre Bilanz. Sie finden Bereiche, in denen alles bleiben soll wie es ist und solche, in denen Sie etwas verändern wollen. Beides sind die Bereiche, für die Sie Ziele formulieren sollten. Klare Ziele für Ihre Zukunft stehen am Anfang Ihres zukünftigen Erfolges.

Zitat (Betroffener) U. G.:

> Sich ruhig auch mal etwas Zeit nehmen und genießen bzw. mal wieder Inventur machen und sich auf alte Tugenden bzw. Berufswünsche besinnen.

Mit klaren Zielen vor Augen wissen Sie, wann Sie sich in die richtige und wann Sie sich in die falsche Richtung bewegen. Ziele wirken also wie ein Wegweiser in Ihrem Leben, ohne Ziele besteht viel schneller die Gefahr, dass die Richtung, in die Sie gehen, von Ereignissen in Ihrer Umgebung oder von anderen Menschen bestimmt wird. Ohne Ziele können wir oft nur reagieren, statt zu agieren.

Ziele müssen Sie nicht für alle möglichen Kleinigkeiten im Leben definieren, für die Dinge, die wirklich wichtig sind und die Richtung bestimmen, lohnt es sich aber. Vieles erscheint vielleicht verlockend und erstrebenswert. Dann ist es besonders wichtig herauszufinden, welche Ziele wirklich Ihre eigenen sind und nicht etwa die von Familienangehörigen, Freunden und Bekannten. Bei der Definition Ihrer eigenen Ziele sollten Sie drei unterschiedliche Gruppen bilden – *Ihre privaten, persönlichen und beruflich-karrierebezogenen Ziele.*

Private Ziele betreffen Ihre ganz private Lebensplanung und schließen Fragen nach familiären und persönlichen Beziehungen ebenso ein wie solche, die sich auf die Bedeutung von Freizeitaktivitäten in Ihrem Leben beziehen. Exemplarische Fragen sind z. B.:

- Was brauchen Sie, um sich wohl zu fühlen?
- Welchen Lebensstandard streben Sie an und was müssen Sie tun, um diesen erreichen und halten zu können?
- Welche Beziehungen (Familie und Freunde) möchten Sie führen und pflegen?
- Wie sieht Ihre Familienplanung aus?
- Was brauchen Sie, um privat (Beziehungen, Hobbys, soziales Engagement, etc.) wirklich zufrieden zu sein?
- Welchen Hobbys und Freizeitaktivitäten möchten Sie nachgehen?

Haben Sie Ihre privaten Ziele für sich definiert, konzentrieren Sie sich auf Ihre *persönlichen Ziele.* Eventuell sind für Sie die privaten und persönlichen Ziele ein und dasselbe. Obwohl beide Kategorien auf den ersten Blick sehr ähnlich zu sein scheinen, gibt es erhebliche Unterschiede. Bei der Definition Ihrer privaten Ziele haben Sie zum Beispiel Ihre Familie, Freunde und Bekannte einbezogen. Bei der Klärung Ihrer persönlichen Ziele geht es dagegen nur um Sie selbst.

Es geht darum, zu klären, was für Sie persönlich wichtig ist und was Sie für sich noch erreichen wollen. Welche Rolle spielen für Sie Sicherheit, Freiheit oder Unabhängigkeit und was stellt für Sie einen Ausgleich zwischen Arbeit und Familie dar? Fragen Sie sich auch nach Ihren Wertvorstellungen und danach, auf was Sie einmal besonders stolz sein möchten. Vielleicht ergeben sich daraus Fähigkeiten, Fertigkeiten und Kenntnisse, die Sie noch erwerben möchten? Zu Ihren persönlichen Zielen gehört auch die Frage, was Sie für Ihre Gesundheit tun wollen und welche *geistigen* Bedürfnisse Sie befriedigen wollen. Die Frage *Wie viel Zeit brauche ich für mich allein?* gehört ebenso dazu. Ihre persönlichen Werte wirken sich in allen Lebensbereichen aus und spielen daher im gesamten Zielfindungsprozess eine wichtige Rolle. Ihre Ziele dürfen Ihren persönlichen Wertvorstellungen nicht widersprechen! Tun sie dies, werden Sie sie nicht erreichen. Das gilt für alle Ziele.

Ihre *beruflich-karrierebezogenen Ziele* bilden die dritte Gruppe. Es geht um das, was Sie beruflich erreichen wollen, welche Position und welche Aufgaben Sie wahrnehmen möchten. Verschaffen Sie sich Klarheit über Ihre karrierebezogenen Ziele, indem Sie sich Ihre berufliche Zukunft in drei, fünf und in zehn Jahren vorstellen – wie sieht dann Ihr idealer Arbeitstag aus? Was möchten Sie in diesem Zeitraum verwirklicht haben und welche Rolle möchten Sie dann einnehmen? Berücksichtigen Sie an dieser Stelle auch die beruflichen Trends und Entwicklungen, die in den letzten fünf Jahren für Sie persönlich und in Ihrem Umfeld eine wichtige Rolle gespielt haben. Was waren *flops* und was *tops* (siehe Kap. 3)? Fragen Sie sich auch, ob Sie bereit sind, weiter zu lernen und Ihre Fähigkeiten und Ihr Können zu verbessern, um das, was Sie als Ziel definieren, auch zu erreichen.

Bei der Zielfindung und Definition geht es nicht um die Bewertung der Vergangenheit, sondern um die Gestaltung der Gegenwart und Vorbereitung der Zukunft. Sind die in der Vergangenheit einmal getroffenen Entscheidungen heute noch richtig? Hilfreich kann folgende kleine Übung sein:

Stellen Sie sich vor, heute ist Ihr 80. Geburtstag und zu Ihren Ehren findet ein großes Fest statt. Sie sitzen auf einem bequemen Lehnstuhl und freuen sich darüber, dass so viele Leute gekommen sind, um Ihnen zu gratulieren und mit Ihnen zu feiern. Im Laufe des Abends halten Familienmitglieder, Freunde, ehemalige Arbeitskollegen oder Mitarbeiter, ein Vertreter der Stadt und andere Personen, die Ihnen wichtig sind, eine Rede zu Ihren Ehren. Sie erzählen davon, was Sie an Ihnen schätzen und warum Sie ein wichtiger Mensch in Ihrem Leben sind.

Wenn Sie die Augen schließen und sich die Situation vorstellen, hören Sie in sich hinein und hören Sie, was diese Menschen über Sie sagen. Dabei geht es darum, herauszufinden, *was Sie hören wollen!* Was würde Sie an diesem Tag glücklich und stolz machen, was möchten Sie zu diesem Zeitpunkt erreicht haben? Schreiben Sie auf, wer die einzelnen Redner sind und was sie an Ihrem 80. Geburtstag über Sie sagen.

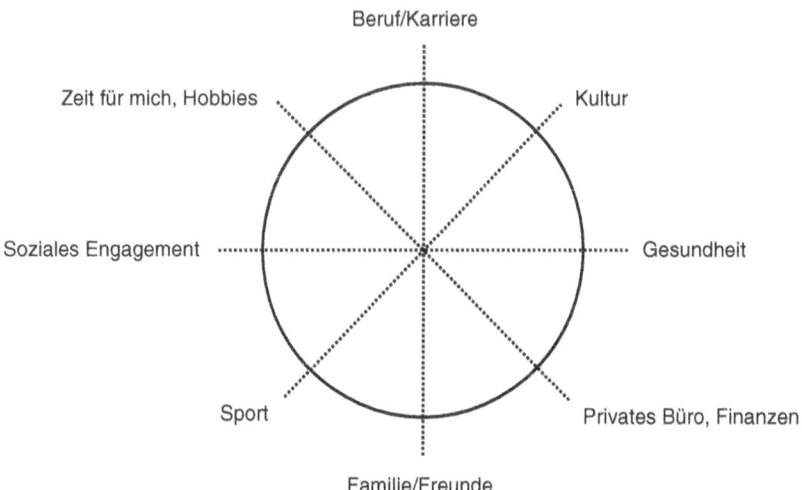

Abb. 3.2 Wofür will ich meine Zeit nutzen

Was Sie – gemäß Ihrer Wunschvorstellung – an Ihrem 80. Geburtstag gesagt bekommen, gibt Ihnen wichtige Hinweise auf Ihre Werte und die Dinge, die Ihnen wirklich wichtig sind.

Ein weiterer Schritt bei der Definition und Konkretisierung Ihrer Ziele ist nochmals das Zeitrad Abb. 3.2.

Nutzen Sie das Zeitrad diesmal so, dass Sie eintragen, wie viel Ihrer Zeit Sie in was investieren wollen. Wenn Sie Ihr erstes Zeitrad (Ist-Zeitrad) und dieses zweite (Soll-Zeitrad) übereinander legen, werden Sie Übereinstimmungen, aber gegebenenfalls auch Abweichungen feststellen. Die Differenzen zwischen Wunsch und Wirklichkeit verweisen darauf, wo Sie in Ihrem Leben etwas ändern sollten und welche Ziele Sie ableiten können.

3.2.1 Ziel-Abgleich – Stimmigkeit erreichen

Alle Ziele, die Sie für sich beruflich, privat und persönlich definiert haben, müssen Sie noch einmal dahingehend überprüfen, ob eventuell einzelne miteinander in Konflikt stehen oder sich nur sehr schwer oder gar nicht miteinander vereinbaren lassen. Eventuell gibt es Ziele, die mit den Interessen Ihnen sehr wichtiger Menschen kollidieren. Solche Zielkonflikte müssen Sie lösen. Anderenfalls nutzt Ihnen die beste Zieldefinition nichts. Die Konflikte und die bestehenden Widersprüche werden eine Zielerreichung verhindern.

Auch Rand- und Umfeldfaktoren, die sich aus Ihrer persönlichen Lebenssituation ergeben, müssen mit einbezogen werden. Betrifft ein Ziel auch andere? Müssen Sie es mit anderen abstimmen? Setzen Sie sich mit Ihrem Lebenspartner/Ihrer Lebenspartnerin und Ihrer Familie zusammen, um Ihre derzeitige Situation zu besprechen. Finden Sie heraus, was die gemeinsamen Ziele sind und wie die gemeinsame Zukunft aussehen soll. Auch Ihre Familienmitglieder werden bestimmte Vorstellungen, Pläne und Ziele für ihren weiteren Lebensweg haben, die Sie in Ihren Überlegungen mitberücksichtigen müssen. Beim Abgleich der verschiedenen Vorstellungen wird sich sehr schnell herausstellen, was von dem, das Ihnen vorschwebt, tatsächlich realisierbar ist.

Bei allem, was Sie mit der Erreichung eines Ziels gewinnen, gibt es vielleicht auch Aspekte, die Verzicht bedeuten oder Konsequenzen, die nicht nur positiv für Sie selbst oder andere Personen sind. Kurzum: Jedes Ziel hat seinen Preis. Dieser Preis kann niedrig oder hoch sein. Deshalb ist es erforderlich, dass Sie sich rechtzeitig überlegen, was der Preis für jedes Ihrer Ziele ist und ob Sie bereit sind, diesen Preis zu zahlen. Der Preis kann Zeit, Arbeit oder Geld sein. Es kann ein Umzug in eine andere Stadt sein. Manchmal besteht der Preis für das Erreichen eines Zieles aber auch einfach darin, die eigene Bequemlichkeit zu überwinden. Um den Preis für ein Ziel zu ermitteln, können Sie sich für jedes Ihrer Ziele die folgenden Fragen stellen:

- Was muss ich tun, um das Ziel zu erreichen?
- Was muss ich an Zeit, Arbeit und/oder Geld investieren?
- Was kann ich bei der Zielerreichung verlieren?
- Was muss ich aufgeben, wenn ich dieses Ziel erreichen will?
- Welche Nachteile muss ich für die Zielerreichung in Kauf nehmen (Auseinandersetzungen mit dem Lebenspartner, Verlust von Freunden etc.)?

Je nach dem, wie viele Ziele Sie für sich herausgearbeitet haben, empfiehlt es sich, eine Gewichtung der einzelnen Ziele vorzunehmen und Prioritäten zu setzen. Legen Sie fest, was Ihnen am wichtigsten ist und welche Ziele Sie als erstes realisieren möchten. Zu viele Ziele auf einmal verhindern ebenso den Erfolg wie Zielkonflikte.

Ein Schritt ist, bei jedem Ziel zu überlegen, was Ihnen an dem jeweiligen Ziel besonders wichtig ist und warum Sie genau dieses Ziel erreichen wollen. Fragen Sie sich, welche Vorteile und welchen Nutzen eine Zielerreichung für Sie hat. Schenken Sie aber auch Ihren Zweifeln und Vorbehalten in Bezug auf ein Ziel Beachtung. Jedes *Ja-Aber* verdeutlicht, dass die Zielformulierung noch nicht wirklich stimmig ist.

Bei der Festlegung von Prioritäten kann ein einfacher Paarvergleich hilfreich sein: Scheiben Sie alle Ihre Ziele als Liste untereinander. Fangen Sie an, das letzte mit dem vorletzten Ziel zu vergleichen. Das Ihnen unwichtiger erscheinende nehmen Sie in einen Zielspeicher. Sie gehen Ihre ganze Liste durch und vergleichen jeweils das letzte mit dem vorletzten. Sie vergeben Schritt für Schritt Prioritäten und haben am Ende das Ihnen wichtigste Ziel herausgefiltert. Alle anderen Ziele sind im Zielspeicher. Betrachten Sie wie umfangreich Ihre Aktivitäten sein werden, um Ihr wichtigstes Ziel zu erreichen. Eventuell ist es gar nicht so viel, was Sie dafür tun müssen. Dann können Sie auch mit der Umsetzung von zwei oder drei Zielen gleichzeitig beginnen.

Die Ziele im Zielspeicher gehen Ihnen nicht verloren und Sie können deren Bedeutung überprüfen, wenn Sie die für Sie wichtigeren Ziele erreicht haben. Sie werden dann zu Ihren neuen Zielen oder Sie stellen fest, dass sie aufgrund aktueller Gegebenheiten und erreichter Veränderungen in Ihrem Leben kein adäquates Ziel mehr sind.

3.2.2   Wichtige Variablen, um Ziele zu erreichen

Ein Ziel, bei dem Sie definieren: *Ich will zukünftig mehr Sport machen.* werden Sie wahrscheinlich nur schwerlich erreichen. Der Zielbeschreibung fehlen einfach wesentliche Variablen, um Ihnen eine gute Orientierung zu bieten.

Als erstes fehlt die Aussage dazu, wann Sie damit anfangen wollen und wann Sie dieses Ziel erreicht haben wollen. *Zukünftig* kann irgendwann sein. Machen Sie heute keinen Sport, ist es morgen ja auch noch früh genug – denn wann ist zukünftig? Der nächste Stolperstein liegt in dem Wort *mehr*. Was heißt mehr? Fünf Minuten am Tag oder eine halbe Stunde? Es geht also um die genaue Definition. Hilfreich ist es hier zu beschreiben, woran Sie erkennen und merken, dass Sie das Ziel erreicht haben.

Beschreiben heißt hier aufschreiben. Das Aufschreiben Ihrer Ziele ist wichtig, weil mit dem Schreiben aus den Gedanken etwas *Materielles* wird. Bislang existierten Ihre Ziele ja nur in Ihrem Kopf. Aus Ihren Gedanken wird jetzt eine Absichtserklärung. Es ist ein bisschen so, als würden Sie einen Vertrag mit sich selbst abschließen. Durch das Aufschreiben bekommen Ihre Ziele mehr Kraft und Verbindlichkeit. Gleichzeitig prüfen Sie beim Schreiben automatisch, ob das, was Sie schreiben und hinterher lesen, wirklich das ist, was Sie wollen.

Die meisten Menschen nehmen sich immer wieder etwas vor – die guten Vorsätze zu Silvester sind ein gutes Beispiel. Viele haben selbst die fest vorgenommen Silvester-Ziele schnell wieder aufgegeben, da sie sie so selten erreicht haben. Das hat zum einen damit zu tun, dass nicht wirklich geprüft wird: *Will ich das wirklich?* Widersprüche und Konflikte sind unter Umständen in den Zielen nicht geklärt.

S	Spezifisch	(um was genau geht es)
M	Messbar	(was genau will ich erreichen)
A	Attraktiv	(Zielerreichung ist positiv, Nutzen aus eigener Kraft)
R	Realistisch	(Zeitraum, Umfang, Ressourcen und Bedingungen sind so geplant, dass ich mein Ziel erreichen kann)
T	Spezifisch	(der Zeitpunkt, wann ich mein Ziel erreiche, ist genau definiert)

Abb. 3.3 SMART

Zum anderen wählen wir häufig Formulierungen, die, wie oben schon angedeutet, den Erfolg erschweren. Das heißt, die Formulierung Ihres Ziels entscheidet mit über Erfolg oder Misserfolg. Ein paar einfache Regeln helfen Ihnen Ihre Ziele so zu formulieren, dass sie Sie in die richtige Richtung *ziehen:*

Ein gutes Ziel ist in sich und in seiner Formulierung SMART, siehe Abb. 3.3. Das S in SMART steht für *spezifisch* als Gegensatz zu *allgemein*. Eine gute Zielformulierung beschreibt immer den angestrebten Soll-Zustand, also das, was Sie am Ende erreicht haben wollen. Dabei sollte eine Erfolg versprechende Zielvereinbarung immer sehr detailliert sein. Das hat zwei Gründe: Zum einen geben Sie Ihrem Unterbewusstsein eine ganze Menge Bilder vor, wenn Sie viele Detailinformationen in Ihre Zielformulierung aufnehmen. Zum anderen schränken Sie die Gefahr von vornherein ein, dass sich Ihr Ziel in eine andere Richtung als in die von Ihnen gewünschte entwickelt. Zu einer detailgenauen Beschreibung eines Zieles gehört es weiter, dass Sie Ihre Motivation, sprich den Grund, aufschreiben, warum Sie dieses Ziel erreichen wollen. Das hilft Ihnen vor allem in Phasen, in denen Sie entmutigt sind und das Ziel vielleicht völlig anzweifeln. In solchen Situationen können Sie sich immer wieder selbst daran erinnern, warum Ihnen das Ziel so wichtig ist. Um Ihre Motivation hinter einem Ziel herauszufinden, können Sie sich die folgenden Fragen beantworten:

* Was genau macht dieses Ziel eigentlich so attraktiv für mich?
* Welche Vorteile habe ich davon, wenn ich dieses Ziel erreiche?
* Welche positiven Folgen hat das Ziel für mich und andere?

Das *M* in SMART steht für *messbar*. Die Messbarkeit eines Ziels steht wesentlich dafür ein, dass Sie überprüfen können, ob und wann Sie ein Ziel erreicht haben (wie viel, wie hoch, wie tief, wie intensiv). Oft neigt man dazu, Ziele nur sehr vage und unbestimmt zu formulieren. So sagt man z. B. „Ich will abnehmen" oder „Ich will Geschäftsführer werden". Solche Ziele lassen sich in der Regel nur sehr schwer erreichen, weil hier *s* – *spezifisch* aber auch der Maßstab – *m* – *messbar* fehlt. Bei quantitativen Zielen sind die Formulierung eines Maßes und die Messung des Erfolgs leicht. Anders ist dies bei qualitativen Zielen. Hier hilft nur zu beschreiben, was genau Sie haben werden (sehen, hören, fühlen) wenn Sie das Ziel erreicht haben.

Das *A* in SMART steht für *attraktiv*. Attraktiv ist ein Ziel, wenn Gewinn und Nutzen der Zielerreichung für Sie sehr positiv sind. Von einem Ziel sollen sie angezogen werden. *A* beschreibt Ihre Motivation (siehe oben) das Ziel zu erreichen.

Das *R* in SMART steht für *realistisch*. Realistisch bedeutet in diesem Fall, dass Ihre Ziele stets die richtige Größe und den richtigen Schwierigkeitsgrad haben sollten. Ein Ziel sollte nicht zu groß und damit vielleicht unerreichbar sein, aber es sollte auch nicht zu klein und unbedeutend sein, dann ist es keine Herausforderung. Auch verlieren Sie dann vielleicht schnell die Lust, es zu erreichen. Bei sehr großen Zielen (erfordern viel Aktivität und Anstrengung) nutzen Sie den Trick, das Ziel in mehrere kleinere aufzuteilen und nähern sich dem Gesamterfolg Schritt für Schritt. *Realistisch* heißt auch, dass Sie Ihre Ziele aus eigener Kraft und mit eigenen Mitteln erreichen können. In der Zielerreichung dürfen Sie nicht von anderen Personen abhängig sein.

Das *T* in SMART steht für *terminiert*. Zur Messbarkeit Ihrer Ziele gehört, dass Sie sich selbst einen Termin setzen, wann Sie mit den ersten Aktivitäten zur Zielerreichung starten und wann Sie das jeweilige Ziel erreicht haben wollen. Hat ein Ziel keinen festen Endtermin, dann ist es kein Ziel, sondern eine Absichtserklärung gleich denen, die man sich an Silvester fürs neue Jahr vornimmt.

Geben Sie Ihren Zielen einen genauen Zeitrahmen. Nennen Sie in der Formulierung ein bestimmtes Datum oder einen fest definierten Zeitpunkt für die Erfüllung Ihrer Ziele. Ist ein Ziel nicht terminiert, neigen Sie evtl. dazu, es immer weiter nach hinten zu verschieben, bis Sie es am Ende möglicherweise ganz vergessen.

Formulieren Sie Ihre Ziele positiv Bitte denken Sie jetzt auf keinen Fall an einen rosa Elefanten!

Was hat dieser Satz ausgelöst? Haben Sie an einen rosa Elefanten gedacht? Dieses kleine Beispiel macht deutlich, dass wir nicht in *Negationen* denken können, wir können uns das Nicht-Sein von etwas nicht vorstellen, sondern nur das Sein. Das heißt ein *nicht* in Ihrer Zielformulierung richtet Ihre Aufmerksamkeit immer wieder auf das, was Sie nicht erreichen wollen. Schreiben Sie in Ihren Zielen immer das auf, was Sie am Ende erreicht haben wollen. Wählen Sie positive Formulierungen – das Ziel soll Sie anziehen. Auch Vergleiche sollten Sie in der Zielformulierung vermeiden.

Formulieren Sie Ihre Ziele so, als hätten Sie sie schon erreicht Dadurch, dass Sie Ihre Ziele so formulieren, als hätten Sie sie schon erreicht, programmieren Sie Ihr Unterbewusstsein sehr effektiv darauf, dieses Ziel tatsächlich Realität werden zu lassen. Viele formulieren: Ich werde einen Job finden. Diese Formulierung ist jedoch viel zu vage und soll irgendwann einmal stattfinden. Daraus ergibt sich für das Unterbewusstsein keine Dringlichkeit. Formulieren Sie deshalb immer genau das, was Sie erreicht haben wollen – das Ergebnis, den Endzustand.

3.3 Mein Stärken-/Schwächenprofil

Bilanz ziehen heißt, alle Bereiche, die das persönliche Leben ausmachen, einmal anzuschauen. Bisher haben Sie die Gegenwart und die Zukunft betrachtet. Schauen Sie nun in die Vergangenheit, um sich über Ihre Stärken und Schwächen klar zu werden. Wieder einen realistischen und zukunftorientierten Blick für die Situation zu bekommen, heißt zu bewerten:

• Was war wirklich gut an der bisherigen Tätigkeit?
• Was habe ich nur notgedrungen akzeptiert?
• Was war nicht gut und soll so auch nicht wieder sein?

Ein Stärken-/Schwächenprofil anzufertigen heißt, einen ehrlichen und selbstkritischen Blick auf die eigenen Fähigkeiten und Kompetenzen sowie das eigene Verhaltensspektrum zu werfen und einzuschätzen:

• Was kann ich wirklich sehr gut und besser als manch anderer?
• Was kann ich genauso gut wie andere?
• Was kann ich nicht so gut (und mag es vielleicht auch nicht) wie andere?

Die bisher erlebten Erfolge, aber auch Misserfolge bieten einen ersten Ansatz für die persönliche Bilanz (siehe Tab. 3.1 und 3.2).

Erfolge und Misserfolge geben Hinweise darauf, was Sie besonders gut können, was Ihre Stärken sind und wo Sie bereit sind, viel Energie und Kraft zu investieren,

Tab. 3.1 Persönliche Erfolge

In den letzten 3 bis 5 Jahren: Meine größten Erfolge (My proudest Prouds – Worauf ich besonders stolz bin…)	
In den letzten 2 Jahren: Meine größten Erfolge (My proudest Prouds…)	

Tab. 3.2 Persönliche Misserfolge

In den letzten 3 bis 5 Jahren: Meine größten Misserfolge (My sorriest Sorrys – Meine größten Flops …)	
In den letzten 2 Jahren: Meine größten Misserfolge (My sorriest Sorrys …)	

weil Sie etwas können und mögen. Die Bilanz sollten Sie sowohl in fachlicher Hinsicht wie auch mit Blick auf Ihr Führungs- und Ihr zwischenmenschliches Verhalten ziehen. Nachfolgende Übersicht Tab. 3.3 kann helfen, ein persönliches Stärkenprofil zu erarbeiten:

3.4 Selbstbild versus Fremdbild

Um ein realistisches Selbstbild zu gewinnen und die Weichen richtig zu stellen, ist es hilfreich, andere zu fragen: *Wie siehst du mich? Was sind deiner Meinung nach meine Stärken? Was schätzt du besonders an mir?* Aber auch: *Was wünschst du dir anders? Was kann ich nach deiner Wahrnehmung nicht so gut?*

Wir alle laufen mit unserem eigenen blinden Fleck durch die Welt. Das ist der Bereich unserer Persönlichkeit und unseres Handelns, den wir nicht wahrnehmen, nicht kennen oder ganz anders einschätzen als die Menschen in unserer Umwelt. Gerade in kritischen Zeiten ist es hilfreich, sich von außen Feedback zu holen,

Tab. 3.3 Persönliches Stärkenprofil

Kompetenz	Stärke/gut	Schwäche/weniger gut
Fachkompetenzen		
Managementkompetenzen		
Führungskompetenzen		
Gesprächskompetenzen		
Verhandlungskompetenzen		
Verkaufs-/Vertriebskompetenzen		
Beratungskompetenz		
Andere Kompetenzen:		

einmal abzufragen, wie andere einen sehen. Wo sie Stärken und Schwächen sehen und wie die eigene Außenwirkung ist. Vielleicht stellen Sie fest, dass zwischen Ihrem Selbstbild und dem gegebenen Fremdbild in bestimmten Bereichen erstaunliche Unterschiede bestehen. Zum Teil liegt das einfach daran, dass wir die Wirkung unseres Handelns oft anders einschätzen als diejenigen, denen sie gilt. Zum anderen nehmen wir längst nicht alles an unserem Verhalten wahr.

Die Abb. 3.4, das Johari-Fenster, verdeutlicht, was wir und unsere Umwelt an uns selbst kennen und was nicht.

Öffentliche Person Hier gelten nur die Verhaltensweisen, die uns selbst bewusst sind und die wir anderen mitteilen, so z. B. in Gesprächen und Verhalten.

Blinder Fleck Beschreibt einen Teilaspekt unseres Verhaltens, der zwar für Dritte sichtbar und erkennbar ist, der uns selbst jedoch nicht bewusst ist.

Private Person In diesem *privaten* Bereich sind Handlungen, Verhaltensmuster, Gedanken, Gefühle und Meinungen angesiedelt, die nur uns selbst bekannt sind. Wir wollen nicht, dass andere davon wissen.

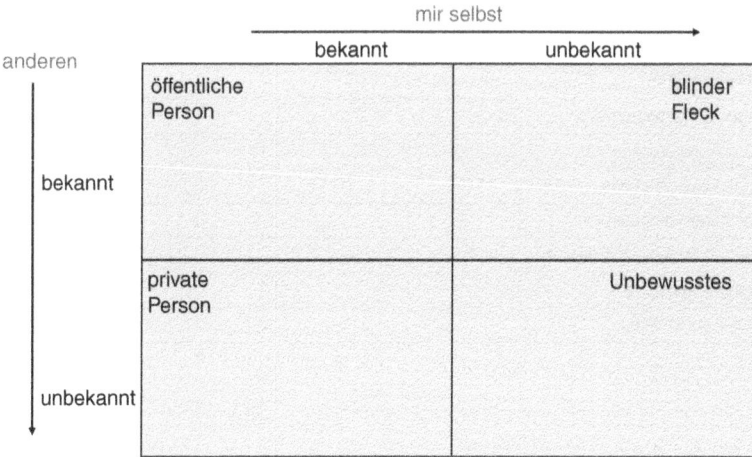

Abb. 3.4 Johari-Fenster

Unbewusstes In diesem Bereich sind alle Teile unserer Persönlichkeit verborgen, die weder uns selbst noch Dritten bekannt sind. Dazu zählen unbewusste Motive und Wünsche, unterdrückte Bedürfnisse, verborgene Talente, ungenutzte Begabungen.

Kritisch ist der Bereich des *blinden Flecks*. Wir haben selbst kein Bewusstsein für dieses Verhalten, andere kennen es aber sehr wohl an uns. Feedback ist die einzige Möglichkeit, den blinden Fleck zu verkleinern und unser Selbstbild zu aktualisieren.

Nutzen Sie die Chance, sich von dem einen oder anderen guten Freund einmal eine Fremdeinschätzung geben zu lassen. Hören Sie einfach gut zu und lassen Sie die Aussagen auf sich wirken. Fragen Sie, wenn Sie etwas nicht nachvollziehen können und lassen Sie es sich gut erklären.

Es ist einfach Feedback aufzunehmen, wenn uns von unseren Stärken berichtet wird. Schwieriger ist es bei den Aspekten, die andere nicht so sehr an uns schätzen oder von denen sie meinen, dass wir sie nicht so gut können. Bedenken Sie:

- Kein Freund wird Ihnen ein zweites Mal Feedback geben, wenn Sie beim ersten Mal ungehalten reagieren.
- Nicht Ihre und nicht die Einschätzung Ihres Feedback-Gebers sind die absolute Wahrheit. Beides ist die persönliche Sicht. Sie können jedes Feedback prüfen und sich dabei fragen:
  - Kann ich das nachvollziehen?
  - Ist es für mich bedeutungsvoll?

- Möchte ich dieses Verhalten beibehalten, auch wenn es kritisch gesehen wird, oder möchte ich es ändern?
- Was möchte ich ändern und wie kann ich es ändern?

Ihr Feedback-Geber sollte Ihnen ein Feedback zu Ihrem beruflichen Verhalten geben können, denn das steht jetzt für Sie im Vordergrund. Wenn Sie niemanden aus Ihrem Umfeld so sehr ins Vertrauen ziehen wollen, bietet sich an dieser Stelle die Zusammenarbeit mit einem Coach an (siehe Kap. 2).

Der nächste Schritt besteht für Sie darin einzuschätzen, in welchen Positionen Sie Ihre Kompetenzen am besten einbringen können. Welche Aufgabengebiete bieten sich an, wie sollte Ihr Verantwortungsrahmen gestaltet sein, welche Entscheidungsfreiheit wünschen Sie sich etc. Eine Neuorientierung bietet auch die Chance, sich neu auszurichten, Kernfelder neu zu definieren und Ungeliebtes zukünftig zu vermeiden.

Mit der Frage: *Welche Position, welche Aufgabe kommt meinen Wünschen und meinen Kompetenzen am meisten entgegen?* richten Sie Ihre Aktivitäten und Ihre Kraft auf die Gestaltung Ihrer Zukunft aus. Verstehen Sie die Veränderung nicht nur als Notwendigkeit, möglichst schnell einen neuen Job zu finden, sondern als eine Chance, die Weichen neu zu stellen.

Übertragen Sie sich zur Bearbeitung der genannten Frage folgende Merkmale in tabellarischer Form und nehmen Sie sich Zeit für die Beantwortung:

- fachliche, inhaltliche Herausforderungen
- Führungsspanne
- Verantwortungsbereiche
- Freiheit in der Gestaltung
- Freiheit im Handeln
- Hierarchische Einordnung
- Titel/Ausstellung
- Entwicklungspotenzial

Literatur

Andrzejewski, L. (2002): Trennungs-Kultur. Handbuch für ein professionelles, wirtschaftliches und faires Kündigungs-Management, Neuwied/Kriftel.

Selbstmanagement

4

Zusammenfassung

Nachdem Sie in Kap. 3 Klarheit gewinnen konnten, wo Sie stehen, wo Sie hin möchten und was Sie ausmacht, gehen wir nun die nächsten Schritte mit Ihnen an – und zwar in der richtigen Reihenfolge! Lernen Sie, Prioritäten zu setzen. Wir geben Ihnen verschiedene Vorgehensweisen an die Hand. Des Weiteren bauen wir mit Ihnen einen Aktionsplan auf, der Ihnen helfen soll, den Überblick über die notwendigen Aktivitäten für Ihre Zielerreichung zu behalten. Wege, die eigene Motivation nicht zu verlieren, gehören auch dazu. Auch wenn Stolpersteinen auftauchen, soll Ihnen dieses Kapitel helfen, Ihre Ziele und Wege ggf. etwas zu verändern oder neu auszurichten, damit Sie am Ende doch dort ankommen, wo Sie sein möchten. Eingerahmt werden die oben genannten Punkte von einem weiteren wichtigen Thema in diesem Zusammenhang: dem Zeitmanagement. Damit Sie sich auf die wirklich wichtigen Dinge konzentrieren können!

Selbstmanagement beschreibt Ihre Fähigkeit, sich selbst, mit Ihren Zielen, Wünschen, Bedürfnissen und Aufgaben zu managen und dabei die Zeit so zu planen, dass sie für Sie und nicht gegen Sie arbeitet. Dies ist insbesondere in der Situation eines Neubeginns, ob selbst gewählt oder unfreiwillig, erforderlich.

Mit einem effizienten Selbstmanagement schaffen Sie es . . .

- einen Weg aus dem alltäglichen Chaos zwischen Planung und Realität zu finden,
- sich selbst zu motivieren, Ihre Ziele endlich anzugehen,
- gesetzte Ziele zu erreichen,
- sich bei der Zielerreichung zu disziplinieren und zu kontrollieren,
- ihre Kräfte zu konzentrieren und zu fokussieren, um schnell Ergebnisse zu sehen,
- sich letztendlich zügig und erfolgreich neu zu positionieren.

M. Lorenz, U. Rohrschneider, *Neuorientierung für Führungskräfte*,
DOI 10.1007/978-3-658-05142-6_4, © Springer Fachmedien Wiesbaden 2014

Die Grundlage, um sich selbst erfolgreich zu managen, haben Sie bereits geschaffen: Im vorangegangenen Kapitel haben Sie Klarheit darüber gewonnen, wo Sie momentan stehen, was Sie erreichen möchten und was Sie kennzeichnet – mit Ihren Stärken und Schwächen. Ebenso kennen Sie Ihre Wünsche und Vorstellungen für die Zukunft – im Beruf wie im Privatleben. Nun stellt sich die Frage: *Was mache ich jetzt damit?*

Klarheit über die eigenen Ziele ist für den Erfolg enorm wichtig, denn *ans Ziel kommt nur, wer eines hat.* Zu wissen, was Sie wollen, ermöglicht Ihnen den Blick nach vorn, stärkt Sie in Ihrer Motivation zu handeln und macht Sie zielstrebig.

Jetzt gilt es, die Dinge, die zur Zielerreichung zu tun sind, zu managen.

4.1   Vom Ziel zur Handlung: Fangen Sie vorne an!

Ihre Ziele haben Sie definiert, jetzt geht es darum, die nächsten Schritte einzuleiten, und zwar in der richtigen Reihenfolge. Gerade die nachfolgend beschriebenen Schritte können wichtig sein, um den inneren Schweinehund, der uns im Alltag häufig von konkreten Handlungen abhält oder uns dazu verleitet, sie auf morgen zu verschieben, zu überwinden. Je konkreter meine Planung ist, desto leichter fällt es mir auch, sie umzusetzen. Dies kann Ihnen insbesondere dann gelingen, wenn Sie die nachfolgenden Schritte systematisch für sich bearbeiten.

1. Listen Sie Ihre im vorherigen Kapitel definierten Ziele auf.
2. Setzen Sie bezüglich Ihrer Ziele Prioritäten.
3. Erstellen Sie dann für die Ziele mit hoher Priorität einen so genannten Aktionsplan.

4.2   Setzen Sie Prioritäten

Auch wenn wir es gern anders hätten: Wir können nicht alle Ziele auf einmal angehen, sondern müssen uns entscheiden, welches Ziel aus unserer persönlichen Sicht die höchste Priorität hat. Denn der Versuch, mehrere Ziele gleichzeitig zu erreichen, ist wenig sinnvoll. Sie würden sich zu leicht in der Menge der Aktivitäten verlieren und Frust statt Erfolg erleben.

Prioritäten zu setzen ermöglicht es Ihnen, schon im Vornhinein zu bestimmen, in welcher Reihenfolge Sie Ihre Ziele angehen wollen. Dabei spielen die subjektiv wahrgenommene Wichtigkeit und ein eventueller Vorrang von bestimmten Zielen vor anderen eine wichtige Rolle.

Oft ist es gar nicht so einfach zu entscheiden: Was ist denn jetzt wichtiger oder vorrangig? Was muss ich zuerst in Angriff nehmen?

Hierfür gibt es verschiedene Methoden oder Vorgehensweisen, die wir Ihnen gerne kurz vorstellen, damit Sie den für Sie richtigen Weg zur Prioritätensetzung finden können.

Gegebenenfalls ist es Ihnen für Ihre definierten Ziele möglich, mit einem Blick subjektiv festzulegen, welches Ziel als erstes in Angriff genommen werden muss. Dies ist z. B. dann möglich, wenn völlig eindeutig ist, dass die Ziele aufeinander aufbauen, z. B. Ziel 2 gar nicht in Angriff genommen werden kann, wenn Ziel 1 noch nicht erreicht ist. Nehmen wir einmal an, eines Ihrer Ziele ist: Ich möchte bis in 10 Wochen 20 Bewerbungen geschrieben haben. Ein weiteres Ziel könnte sein: Ich möchte Unternehmen, die für mich als Arbeitgeber attraktiv sind, bis zum 20. diesen Monats ausgewählt haben. Bei diesen beiden Zielen ist es sehr offensichtlich, dass es wenig Sinn macht, erst die Bewerbungen zu schreiben, bevor ich die für mich attraktiven Unternehmen herausgearbeitet habe. Hier muss ganz eindeutig das Ziel *Attraktive Unternehmen identifizieren* vor dem Ziel *Bewerbungen schreiben* erfüllt sein.

Für alle Situationen, in denen die Prioritätenfindung nicht so eindeutig und einfach ist wie in unserem kleinen Beispiel, gibt es Methoden, die bei der Prioritätensetzung helfen können. Eine dieser Methoden ist z. B. das so genannte Eisenhower-Prinzip.

Beim Eisenhower-Prinzip werden die verschiedenen Ziele nach Dringlichkeit und Wichtigkeit unterschieden. Denn die Erfahrung hat gezeigt: Das Dringende ist selten wichtig und das Wichtige ist selten dringend!

Um die Wichtigkeit eines Ziels zu erkennen, sollten Sie sich vor Augen führen, was passiert, wenn Sie das Ziel nicht erreichen. Folgende Fragen können Sie dafür nutzen:

- Welche Folgen sind zu erwarten, wenn ich das Ziel nicht erreiche?
- Wie hoch sind die Kosten, wenn ich das Ziel nicht erreiche?
- Wie groß ist der Schaden, wenn ich das Ziel nicht erreiche?
- Wer ist noch betroffen, wenn ich das Ziel nicht erreiche?

Die Antworten auf diese Fragen verdeutlichen Ihnen, wie wichtig dieses Ziel im Gesamtkontext ist. Ein Ziel, dessen Nicht-Erreichung für Sie sehr teuer werden kann, Ihrem Ruf schadet und Ihre gesamte Familie betrifft, sollte mit oberster Priorität gehandelt werden.

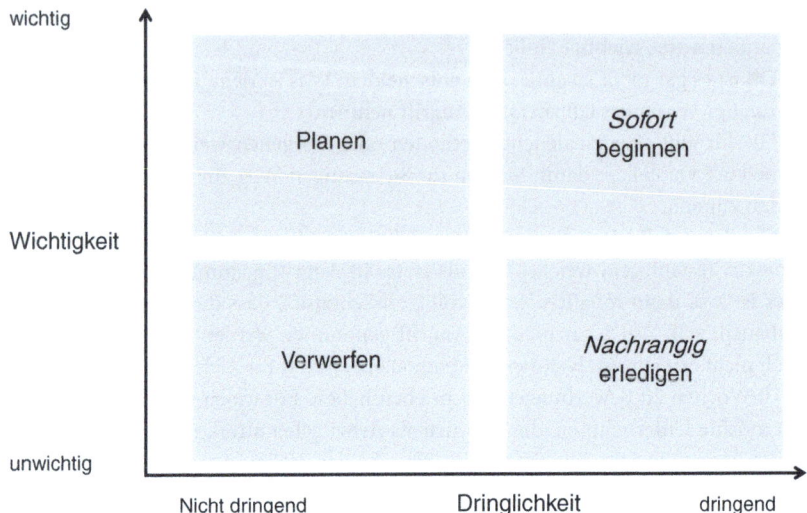

Abb. 4.1 Prioritäten – Wichtigkeit und Dringlichkeit

Über die Dringlichkeit eines Ziels geben die nachstehenden Fragen Auskunft:

- Bis wann muss das Ziel erreicht sein?
- Wie viel Zeit habe ich noch?
- Wie dringend ist das Ziel jetzt?

Wichtig sind Ziele, die z. B. zur Erreichung Ihrer Lebensziele beitragen und/oder das größte Erfolgspotenzial beinhalten.

Dringend sind Ziele, die einen hohen Zeitdruck aufweisen und deren erfolgreicher Abschluss maßgeblich von einer schnellen Bearbeitung abhängt.

Dringlichkeit und Wichtigkeit schließen einander nicht aus! Ein Ziel kann sowohl wichtig als auch dringend sein. Je nachdem, wie Sie Ihre Ziele hinsichtlich Wichtigkeit und Dringlichkeit einschätzen, gibt es vier verschiedene Arten, wie Sie mit ihnen umgehen können.

In der Abb. 4.1 sind die vier *Handlungsoptionen* bei der Kombination von hoher bzw. niedriger Wichtigkeit und hoher bzw. niedriger Dringlichkeit dargestellt.

Nutzen Sie das oben abgebildete Schema, um für sich selbst in einem einfachen Vier-Felder-Diagramm Ihre Ziele nach den genannten Kriterien *Wichtigkeit und Dringlichkeit* zu sortieren (siehe Abb. 4.2).

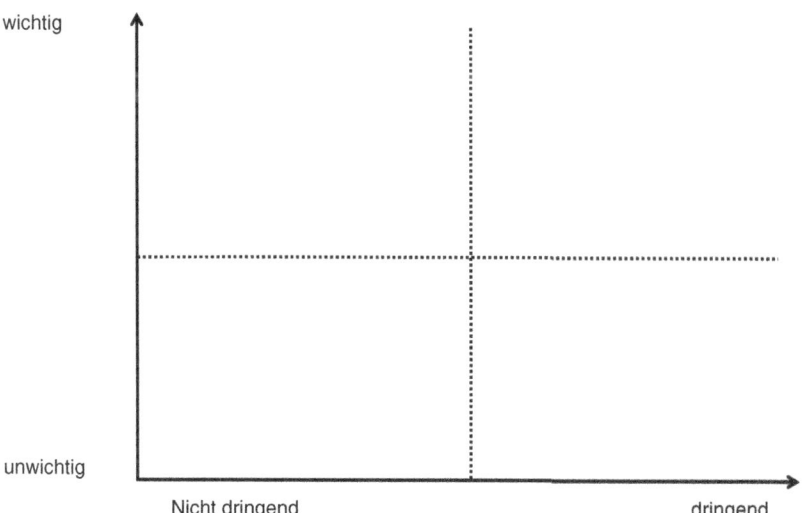

Abb. 4.2 Prioritäten – Wichtig und dringend

Dringende und wichtige Ziele sollten Sie möglichst sofort erledigen, sie bringen Ihnen den größten Nutzen im Gesamtkontext. Wichtige, aber nicht dringende Ziele sollten Sie zwar gut planen, sich darüber hinaus jedoch nicht akut mit ihnen beschäftigen, sondern sie später erledigen. Dringende, jedoch unwichtige Ziele sollten Sie nachrangig angehen – wenn alles Dringende und Wichtige erledigt ist. Unwichtige und nicht dringende Ziele können Sie direkt verwerfen. Sie haben gerade festgestellt, dass es gar keine Ziele sind.

Die Unterscheidung zwischen wichtig und dringend kann für Sie in vielerlei Hinsicht von Vorteil sein. Sie konzentrieren sich auf die wirklich wichtigen Dinge, nehmen sich Zeit dafür und halten sich nicht mit Unwichtigem auf. Auf Dringendes müssen Sie reagieren – bei wichtigen Dingen können Sie frei agieren! Ihr Fokus liegt dabei auf der Zielerreichung und Ihrem persönlichen Erfolg, Sie lassen sich von Ihrer persönlichen Vision leiten und agieren selbst-, nicht fremdbestimmt.

Vielleicht kommen Sie bei diesem Vorgehen zu der Einsicht, dass alle Ziele, die Sie für sich formuliert haben, dringend und wichtig sind. Gerade in dem Prozess, in dem Sie sich aktuell befinden, könnte das durchaus der Fall sein. Hier können Ihnen zwei andere Vorgehensweisen helfen, Klarheit über die Prioritäten zu gewinnen.

Eine weitere Methode zum Erkennen von Prioritäten bietet Ihnen die Einschätzung Ihrer Ziele anhand der Kriterien *Aufwand und Nutzen*. Nachfolgende Übersicht gibt Ihnen einen ersten Eindruck dieser Methode.

Ziel	Nutzen			Aufwand		
	1	2	3	1	2	3
1						
2						
3						
4						
5						

1 = niedrig
2 = mittel
3 = hoch

Abb. 4.3 Prioritäten – Nutzen und Aufwand schätzen

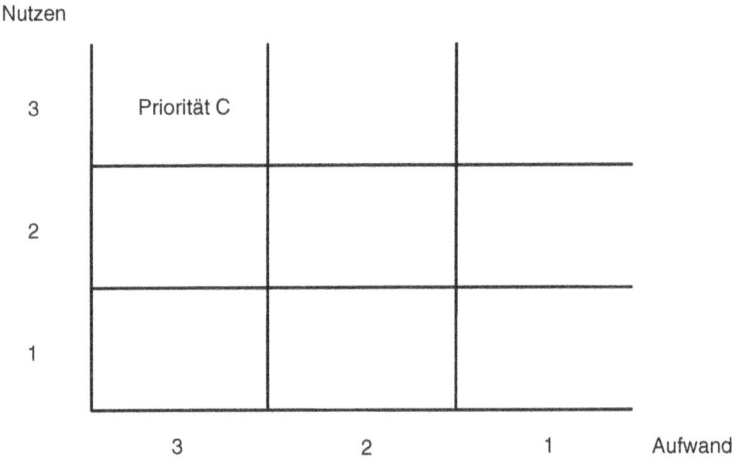

Abb. 4.4 Prioritäten – Sechs Felder Schema – Nutzen und Aufwand

Mit diesem Vorgehen schätzen Sie für jedes Ihrer Ziele im ersten Schritt ein, wie hoch der Nutzen sein wird. Ist der Nutzen 1 = sehr niedrig, 2 = mittel oder 3 = sehr hoch? Bewerten Sie Ihr Ziel entsprechend in der aufgeführten Tabelle (Abb. 4.3). Gleichfalls schätzen Sie im nächsten Schritt für das gleiche Ziel den Aufwand ein, wieder mittels der Einschätzung 1 = niedrig, 2 = mittel, 3 = hoch.

Im nächsten Schritt tragen Sie Ihre gewichteten Ziele aus Abb. 4.3 in ein Sechs-Felder-Schema, wie es Abb. 4.4 wiedergibt, ein. Sehr schnell können Sie hier erkennen, welches Ziel Ihnen wie viel Nutzen und gleichzeitig wie viel Aufwand verursacht. Ein Ziel, das einen sehr hohen Nutzen bringt und gleichzeitig einen sehr hohen Aufwand erfordert, sollten Sie in der Priorität niedriger einschätzen als ein Ziel, das einen hohen Nutzen aber zugleich sehr niedrigen Aufwand mit sich bringt. Hier können Sie für sich viel schneller mit weniger Aufwand Erfolge verbuchen und bei der Realisierung Ihrer Ziele besser vorwärts kommen.

Eine weitere Methode zur Prioritätenfindung bzw. einer Prioritätenfindung nach der Bedeutung, die ein Ziel für Sie hat, ist der einfache Paarvergleich, der vorn bereits vorgestellt wurde (siehe Kap. 3). Ganz gleich, welche Methode der Prioritätensetzung Sie gewählt haben, gibt Ihnen dieses Vorgehen eine gewisse Sicherheit, die richtigen Ziele zuerst in Angriff zu nehmen und sich nicht in der Vielfalt von Wünschen und Vorstellungen zu verlieren. Damit Sie das ausgewählte Ziel auch erreichen, geht es im nächsten Schritt darum, einen Aktionsplan zu erstellen.

4.3 Aktivitäten planen

Ihr Aktionsplan soll Ihnen bei der Frage helfen: Wie erreiche ich mein definiertes Ziel? Welche Aktivitäten, welche Schritte sind dafür notwendig? Gerade sehr große Ziele wirken oft so mächtig, dass wir gar nicht mehr wissen, womit wir anfangen sollen. Brechen Sie solche Ziele im ersten Schritt in Teilziele herunter, wird die ganze Sache schon übersichtlicher. Aus den Teilzielen können Sie dann Arbeitspakete oder Aufgaben definieren, die Ihnen große Klarheit darüber geben, was Sie morgen in Angriff nehmen müssen. Die Abb. 4.5 verdeutlicht dieses Vorgehen.

Hilfreich kann es sein, sich eine tabellarische Übersicht zu erarbeiten, in der zu den einzelnen Teilzielen Aufgaben und der Zeitpunkt, zu dem Sie diese Aufgaben erledigt haben wollen, definiert sind. Legen Sie eine zusätzliche Spalte an, in der Sie abhaken können, welche Aufgabe Sie erledigt haben.

Bei der Aktionsplanung geht es darum, zu sagen: *Lieber kleine als gar keine Schritte gehen*, und für sich selbst handhabbare Aufgaben festzulegen, von denen Sie ganz sicher sein können: *Diese kann ich morgen schaffen!*

Definieren Sie im ersten Schritt Ihre Teilziele. Darauf aufbauend überlegen Sie sich, welche Aktivitäten notwendig sind, damit Sie dieses Teilziel erreichen. Je nach Größe der Aufgabe können Sie für sich selber gut einschätzen, wie viel Zeit Sie dafür benötigen und wann Sie diese Aufgabe erledigt haben wollen. Den Zeitpunkt der Erledigung tragen Sie nun wieder in Ihre Übersicht ein.

Der Aktionsplan begleitet Sie auf dem ganzen Weg zu Ihrem Ziel. Er bietet Ihnen Kontrolle, Erfolge, Orientierung und Motivation. Auch wenn Ihr Aktionsplan

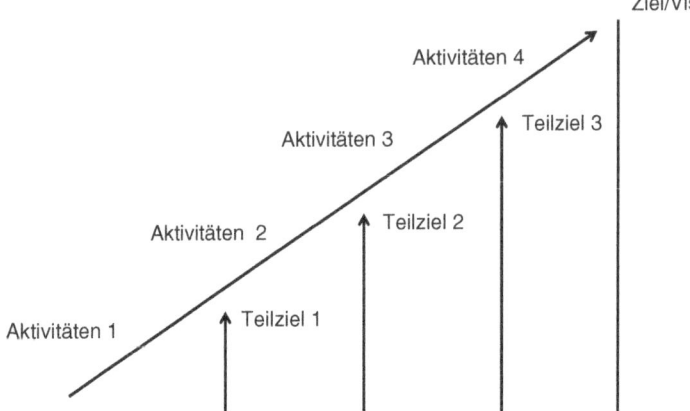

Abb. 4.5 Aufbau eines Aktionsplans

vielleicht noch nicht ganz fertig oder perfekt ist, ist das Wichtigste, dass Sie einfach anfangen. Beginnen Sie mit dem ersten Teilziel und belohnen Sie sich für dessen Erreichung. Dies ist meistens effektiver als sich nur auf die Motivation der großen Belohnung, die das Erreichen des Endziels darstellt, zu verlassen. Vielen Menschen erscheint sie noch zu weit weg – und sie sind deshalb nicht dauerhaft motiviert.

Für einen besseren Überblick kennzeichnen Sie immer wieder die nächsten anstehenden Schritte und schreiben Sie auf, wann Sie sie erledigen wollen. Wenn Sie einzelne Aufgaben abhaken, können Sie auch auf dem Papier sehen, wie Sie Ihrem Ziel Schritt für Schritt näher kommen. Auch das kann eine Belohnung sein.

Wichtig ist, dass Sie mit Ihren Zielen in Kontakt bleiben. Das bedeutet, dass Sie sich immer wieder klar machen, was Sie mit Ihren Aktivitäten erreichen wollen und warum es sich für Sie lohnt durchzuhalten. Der Aktionsplan ist dabei nicht unumstößlich. Sie können ihn verändern, neu oder umschreiben. Nicht immer erscheint Ihnen eine anfangs definierte Aufgabe im Verlauf der Zeit noch sinnvoll oder bestimmte Aktivitäten erweisen sich als nicht umsetzbar oder neue Aktivitäten kommen hinzu. Zögern Sie also nicht, Veränderungen vorzunehmen.

Wenn Sie feststellen, dass Sie Ihren Plan anpassen müssen, sollten Sie durchaus nach den Ursachen hierfür fragen. Sind es Fehler bei der Zielformulierung oder neue Tatsachen und Ereignisse in Ihrem Leben? Wenn Sie wissen, warum etwas so nicht mehr geht, vermeiden Sie Fehler bei der neuen Planung und Frustrationserlebnisse.

Bedenken Sie: Planung ist im Grunde immer nur der Versuch, die Wirklichkeit vorwegzunehmen, die eigenen Handlungen zu strukturieren sowie große Vorhaben überschaubar und handhabbar zu machen. Ihre heutige Planung basiert auf den Fakten, die Sie heute kennen. Erhalten Sie neue Informationen oder ändern sich Ihre Prioritäten, müssen Sie auch Ihren Plan ändern. Ein Plan ist ein Mittel zum Zweck. Halten Sie nie an einem Plan um seiner selbst willen fest.

4.4   Blick nach vorne: Ziele, Strategie und Planung

Der Weg zur Zielerreichung ist nicht immer gerade und ohne Stolpersteine. Vielmehr kann es durchaus passieren, dass etwas dazwischen kommt, sich neue Fakten ergeben oder Schwierigkeiten auftreten. Hier ist es wichtig zu wissen, wie Sie mit solchen *ungewollten Stopps* umgehen können.

Das A und O in diesem Fall ist Ihre Selbstmotivation. Motivation ist mehr als nur wollen. Selbstmotivation heißt, dass Ihre grundsätzliche Einstellung positiv und handlungsorientiert ist. Um dies zu erreichen, müssen Sie Ihre eigenen Fallen kennen und beseitigen. Vermeiden Sie begrenzende Grundhaltungen, wie z. B. *Das ist so schwer! Ich versuche; Ich hoffe; Ich würde; Das geht doch gar nicht; Ich kann nicht; Ich muss doch; Ich darf nicht.* Vergegenwärtigen Sie sich, was Sie wollen, und nicht, was Sie nicht wollen! Die Fokussierung auf das Negative bremst Sie in Ihrer Handlungsfähigkeit. Versuchen Sie deshalb, optimistisch zu denken – suchen Sie nicht die Schwierigkeiten, sondern die Chancen, die ein eventueller *Stopp* mit sich bringt.

Vielleicht eröffnet sich Ihnen ein neuer Weg zur Zielerreichung? Oder Sie überprüfen, ob das Ziel noch zu Ihrer momentanen Situation passt? Denken Sie vorwärts und zukunftsorientiert, und kramen Sie nicht in der Vergangenheit. Was wollen Sie in Zukunft erreichen? Wie wird es sein, wenn Sie erst Ihr Ziel erreicht haben? In diesem Fall kann ein bisschen Träumerei nicht schaden – es gibt Ihrer Selbstmotivation einen neuen Schub.

Wenn Sie das Gefühl haben, in einer Sackgasse gelandet zu sein, vermeiden Sie es, sich zu lange über die Situation zu ärgern. Denken Sie lösungsorientiert: *Was kann ich tun?* oder *Wie geht es noch?*, um alternative Handlungswege zu entdecken. Ein wenig Kreativität ist dabei sehr hilfreich: Manchmal kann ein *um die Ecke denken* zu verblüffenden Ergebnissen führen!

Vergegenwärtigen Sie sich, wo Ihr Wachstumspotenzial liegt: Welche Fähigkeiten können Ihnen helfen, das zu sein oder zu bekommen, was Sie wollen? Wie schaffen Sie es, diese Fähigkeiten aufzubauen? Denken Sie dabei nicht an Ihre Schwächen, dies bremst Sie und lässt die Motivation weiterzumachen sinken.

Hilfreich kann es hier sein, mit Freunden zu reden, ihre Ideen und ihre Sicht der Dinge einzuholen. Warum nicht mal ein kleines Brainstorming bei einem gemeinsamen Glas Bier oder Wein? Lassen Sie sich inspirieren!

Um neue Wege zu finden, gilt: Seien Sie neugierig! Nur wer sich auf unbekanntes Terrain wagt, dem erschließen sich neue Handlungsmöglichkeiten. Vertrauen Sie dabei sich selbst und Ihren Fähigkeiten. Selbst wenn es sich im ersten Moment etwas merkwürdig anhört: Positive Selbstsuggestion wie *Ich kann das!*, *Ich schaffe das!*, *Ich bin gut!* trägt nachweislich dazu bei, dass sich Ihre Stimmung hebt, Ihre Selbstmotivation steigt und Sie neue Kraft zum Handeln entwickeln. Der Grund: Unser Gehirn verarbeitet positive Formulierungen besser als negative und *glaubt* das, was Sie sich selbst sagen. Der daraus entstehende Optimismus ist eine wichtige Eigenschaft für beruflichen und privaten Erfolg und spart den Coach!

Auch wenn Sie viel erreichen wollen: Überfordern Sie sich nicht! Viele kleine Schritte sind wertvoller als ein großer und lassen sich leichter umsetzen. Sollten Sie mit Stolpersteinen in Kontakt kommen und Sie setzen nur einen der hier beschriebenen Tipps um, haben Sie schon viel gewonnen. Je öfter Sie sich anders als gewohnt verhalten, desto mehr trainieren Sie dieses alternative Verhalten, bis es irgendwann wie von selbst klappt, ohne dass Sie darüber nachdenken müssen.

4.5   Organisieren Sie Ihre Zeit

Die momentane *Pause*, in der Sie sich befinden, bietet eine gute Gelegenheit, einmal über Ihren Umgang mit Zeit in Ihrer bisherigen beruflichen Laufbahn sowie in Ihrem Privatleben nachzudenken. Für viele Führungskräfte ist es Alltag, dass sie häufig fünf Dinge gleichzeitig erledigen müssen. Der daraus entstehende Zeitdruck und die wahrgenommene Unplanbarkeit von Tätigkeiten werden von Vielen als unveränderbar akzeptiert. Nicht selten führt dies dazu, dass die Führungskraft häufig länger als geplant im Büro bleiben muss, weil sie sich zeitlich verkalkuliert hat.

Zeitmangel begleitet fast jeden von uns im beruflichen und privaten Alltag. Dies mag nicht immer nur an einem falschen Umgang mit Zeit oder einem Vertrödeln von Zeit liegen – oft ist es schlichtweg die gestiegene Anzahl von Aufgaben, die in einem festen Zeitrahmen erledigt werden müssen.

Dieser Zwang zum Multitasking – zum zeitgleichen Erledigen verschiedenster Aufgaben, um *in time* zu bleiben – bringt entgegen der Erwartung keinen Zeitgewinn, sondern verursacht durch die Verdichtung der Aktivitäten das Gefühl von Zeitdruck. Zudem haben Untersuchungen gezeigt, dass durch die gleichzeitige Bearbeitung vieler verschiedener Dinge mehr Fehler entstehen, der Mensch langsamer arbeitet und schneller den Blick für das Wesentliche verliert, weil er es nicht mehr schafft, die wirklich wichtigen Dinge zu fokussieren.

Damit Sie sich wieder auf die wirklich wichtigen Dinge konzentrieren können, müssen Sie in einem ersten Schritt Ihre so genannten Zeitfresser identifizieren. Diese können Sie auch jetzt hindern, wichtige Dinge in Angriff zu nehmen. Zeitfresser sind Handlungen oder Verhaltensweisen, die Ihnen Ihre Planung oft durcheinander bringen.

Versuchen Sie zunächst, für sich die Frage zu beantworten: Was sind Ihre persönlichen Zeitfresser und Störfaktoren? Vielleicht sind es die endlosen Besprechungen – oder wollen Sie bei jeder Aufgabe 150 % geben? Unterhalten Sie sich gern und ausgiebig mit Ihren Kollegen?

Erstellen Sie eine tabellarische Übersicht, in der Sie Ihre Zeitfresser in der ersten Spalte auflisten.

Im nächsten Schritt sollten Sie überlegen, was Sie tun können, um zukünftig mit Ihren Zeitfressern effizienter umzugehen. Listen Sie Ihre Ideen in der rechten Spalte Ihrer Tabelle auf. Formulieren Sie konkrete Vorhaben, von denen Sie wissen, dass Sie sie tatsächlich umsetzen werden.

Ein weit verbreiteter Zeitfresser ist die *Aufschieberitis*, gut 80–85 % der Menschen kennen dieses Problem. Dieser Zeitfresser zeigt sich darin, dass wir wichtige Dinge nicht beginnen, sondern bis in unbestimmte Zukunft aufschieben. Typische Aussagen sind:

- „Das hat doch noch Zeit!"
- „Morgen ist auch noch ein Tag."
- „Das sollte man nicht übers Knie brechen."
- „Ich arbeite sowieso auf den letzten Drücker am besten."
- „Ich will zuvor nur noch eben . . ."

Der Grund, die Dinge aufzuschieben, liegt im nachlassenden Eifer. Zu Beginn macht uns eine neue Aufgabe Spaß. Doch dann lässt der Eifer nach, da möglicherweise neue, spannende Aufgaben warten und man sich nun mit unangenehmen Aspekten des Aufgabenkatalogs konfrontiert sieht. Erst kurz vor dem Termin kommt wieder Eifer auf, weil Zeitdruck entsteht (siehe Abb. 4.6).

Mehrere Strategien können dabei helfen, wichtige Dinge nicht immer wieder aufzuschieben. Dazu gehört, unangenehme Aufgaben immer als erste zu erledigen. Versuchen Sie, die unangenehmsten Aufgaben am frühen Morgen einzuplanen. Bringen Sie die unerfreulichen Dinge gleich hinter sich, anstatt den ganzen Tag daran zu denken. In den USA wird dies mit dem Ausspruch: *Eat that frog.* umschrieben. Wer morgens einen Frosch frühstückt, hat das Unangenehmste, was

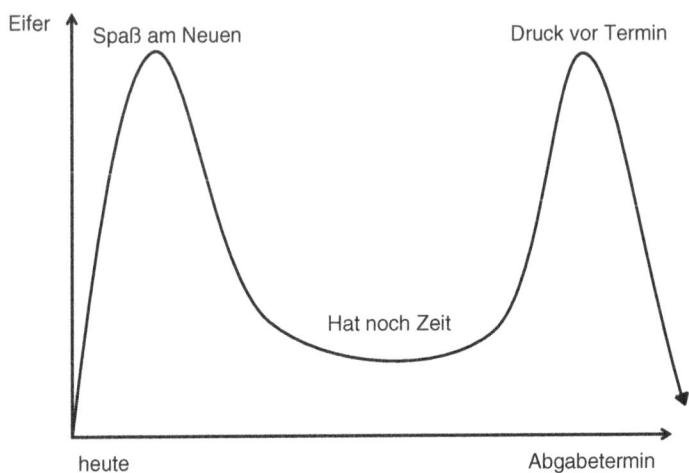

Abb. 4.6 Aufgabenbearbeitung bei Aufschieberitis

ihm an diesem Tag passieren kann, bereits hinter sich gebracht und kann sich mit neuen, wichtigen Dingen beschäftigen.

Manchmal kann es auch helfen, wenn Sie sich unangenehme Aufgaben scheibchenweise vornehmen. Versuchen Sie, sich fünf oder zehn Minuten einer unangenehmen Aufgabe zu widmen. Wenn Sie einmal dabei sind, stellen Sie vielleicht fest, dass sie gar nicht so unangenehm ist. Und wenn Sie nach fünf Minuten wieder aufhören, sind Sie schon ein Stück weitergekommen.

Versuchen Sie einmal die Strategie, sich selbst einen Termin zu setzen. Dabei sollte der Termin unbedingt realistisch sein, und Sie sollten ihn schriftlich festhalten. Informieren Sie z. B. Freunde oder die Familie über den Termin, den Sie sich gesetzt haben. Denn Versprechen, die wir nur uns selbst gegenüber gemacht haben, brechen wir leichter als Versprechen, die wir auch anderen gegeben haben.

Bei Aufgaben, die besonders zäh und uninteressant sind, und bei denen es Ihnen schwer fällt, überhaupt damit anzufangen, ist die Strategie des globalen Blicks sehr nützlich. Versuchen Sie, die Aufgabe in einem größeren Zusammenhang zu sehen – also im Hinblick darauf, was z. B. Ihnen die Erledigung letztlich für Ihre Lebenszufriedenheit bringt. Dadurch wird die Aufgabe zwar nicht weniger unangenehm, aber Ihre Einstellung ändert sich und es fällt Ihnen leichter, einfach anzufangen.

Neben der Identifikation der Zeitfresser ist Ihre Zeitplanung ein wichtiger Aspekt für einen bewussten Umgang mit der Zeit, die Ihnen zur Verfügung steht. Neben Themen, die Ihre berufliche Karriere betreffen, sollten unbedingt private

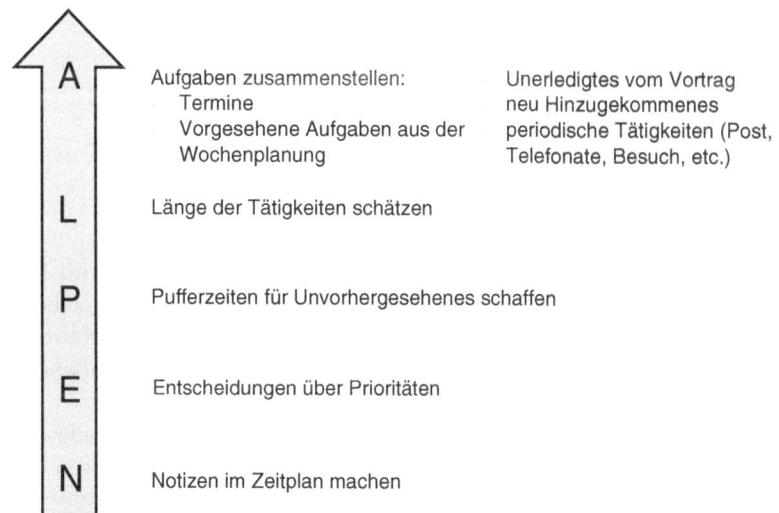

Aufgaben zusammenstellen:
Termine
Vorgesehene Aufgaben aus der
Wochenplanung

Unerledigtes vom Vortrag
neu Hinzugekommenes
periodische Tätigkeiten (Post,
Telefonate, Besuch, etc.)

Länge der Tätigkeiten schätzen

Pufferzeiten für Unvorhergesehenes schaffen

Entscheidungen über Prioritäten

Notizen im Zeitplan machen

Abb. 4.7 Alpenmethode

Termine mit in die Zeitplanung aufgenommen werden. Die klassische Zeitplanung umfasst neben Jahres-, Monats- und Wochenplänen auch Tagespläne zur effizienten Gestaltung des Arbeitstages bzw. der Tagesaufgaben. Mit den fünf Schritten der *Alpenmethode* (Abb. 4.7) kann jeder Tag zügig geplant werden.

Nachdem Sie die Aufgaben zusammengestellt haben, die an einem Tag erledigt werden sollen, schätzen Sie die voraussichtlich benötigte Zeit für die Erledigung einer Aufgabe ein. So können Sie vermeiden, dass Sie sich mit der Erledigung der geplanten Aufgaben verzetteln oder die Bearbeitung nicht schaffen, weil Sie sich verschätzt haben. Planen Sie danach Pufferzeiten für Unvorhersehbares ein, wie z. B. ein kurzfristiges Gespräch. Als Faustregel kann gelten: 60 % der Zeit können fest verplant werden, 40 % sollten frei bleiben. Im vierten Schritt treffen Sie eine Entscheidung über die Prioritäten der anstehenden Aufgaben. Nutzen Sie hier die Tipps und Methoden zur Prioritätensetzung aus diesem Kapitel. Wichtige Aspekte zu einzelnen Aufgaben können Sie abschließend im Zeitplan notieren.

Ihre momentane Situation bietet Ihnen eine gute Gelegenheit, eine effiziente Tagesplanung zu üben, Tage zu strukturieren und zu planen, wann welche Aktivitäten aus dem Aktionsplan umgesetzt werden.

Der Tagesplan hilft Ihnen, Pläne wirklich zu realisieren. So können Sie Tag für Tag Erfolge sehen. Wenn Sie dann Ihre neue Stelle antreten, sind Sie mit der Zeitplanung soweit vertraut, dass Sie mühelos Ihre neuen, vielfältigen Aufgaben zeitlich planen können.

Tab. 4.1 Qualitäts-Check
erledigter Aufgaben

Tag	Sehr gut	Gut	Befriedigend	Unbefriedigend
1				
2				
3				
…				
31				

Um einen Qualitäts-Check durchzuführen, können Sie jeden geplanten Tag auf einem Erfolgsbarometer bewerten, das für den gesamten Monat erstellt wird. Jeden Tag bewerten Sie die Qualität Ihrer erledigten Aufgaben mit sehr gut, gut, befriedigend oder unbefriedigend, wobei Sie sich an Ihren Zielen orientieren. Nutzen Sie die oben stehende Tab. 4.1, um jeden Tag des Monats, sowohl in beruflicher als auch privater Hinsicht, zu bewerten. Machen Sie einfach bei der entsprechenden Bewertung ein Kreuz. Am Ende des Monats können Sie die Kreuze miteinander verbinden und ähnlich wie bei einer Fieberkurve erkennen, in welchen Zeiten es sehr gut lief und wann vielleicht nicht. Wenn unklar ist, warum manche Tagesbewertungen schlechter ausgefallen sind, nutzen Sie Ihren Tagesplan zur Identifikation der entsprechenden Aufgaben und der aufgetretenen Störungen und leiten Sie daraus Optimierungsmöglichkeiten ab.

In schwierigen Situationen richtig handeln 5

Zusammenfassung

Eine Kündigung wirkt sich auf viele Bereiche in Ihrem Leben aus. Wie über-
brücke ich finanziell die Zeit bis zu einer neuen Anstellung? Wie wirkt sich die
neue Situation auf mein Familienleben aus und wie sollen wir damit umgehen?
Wie finde ich meine persönliche Balance wieder, damit aus *Schockstarre* wieder
Handlungsfähigkeit wird? Dies und noch mehr sind die Fragen, die Sie jetzt mit
Sicherheit beschäftigen. Auch hier unterstützen wir Sie, einen Überblick über
Ihre finanzielle Situation zu gewinnen, geben Ihnen Tipps, wie Sie Ihre Familie
in die Veränderungen mit einbinden und sie sie gemeinsam tragen können. Des
Weiteren geben wir Ihnen viele Denkanstöße, wie Sie wieder zu einer starken,
zukunftsorientierten Haltung finden und schauen aber auch auf das Thema: Wie
gehe ich mit Stress um? Höre ich noch auf die Stimme meines Körpers? Was
sollten Sie jetzt unbedingt für sich tun?

Oben wurde bereits angeschnitten, dass Sie über die Auswirkungen und Konsequenzen der Kündigung auf Ihre verschiedenen Lebensbereiche nachdenken
müssen. Nur bei der kritischen Auseinandersetzung werden Sie feststellen, wo
in welchem Umfang Handlungsbedarf für Sie besteht. Es geht zum einen um Ihre
finanzielle Situation, Ihre familiäre Situation, aber auch um Ihr ganz persönliches
Belastungsmanagement.

5.1 Cash-Management: Den persönlichen Lebensstandard absichern

Eine realistische Einschätzung der finanziellen Situation ist jetzt ebenfalls eine Ihrer
Hauptaufgaben. Wichtig dabei ist, dass Sie bei der Prüfung von *Ist und Soll* keine zu
kurzfristige Perspektive einnehmen. Es vergehen – wie dargestellt – schnell sechs

M. Lorenz, U. Rohrschneider, *Neuorientierung für Führungskräfte,*   69
DOI 10.1007/978-3-658-05142-6_5, © Springer Fachmedien Wiesbaden 2014

Monate bis Sie wieder mit einer neuen Position rechnen können. Diese Zeit muss
überbrückt werden.

5.1.1 Ihre finanzielle Situation

Welche finanziellen Verpflichtungen bestehen in welcher Höhe?

• Miete
• Hausfinanzierung
• sonstige Kredite
• Beiträge für Vereine
• laufende Lebenshaltungskosten (Freizeit, Lebensmittel, Kinder, Unterstüt-
  zungsleistungen usw.)?
• sonstige Verpflichtungen?

Welche finanziellen Ressourcen bestehen?

• Bis wann erfolgen Gehaltszahlungen?
• Wird eine Abfindung gezahlt?
• Wenn ja, in welcher Höhe?
• Werden Sie Arbeitslosengeld erhalten?
• Verfügen Sie über ein zweites Einkommen?
• Verfügen Sie über angelegte Gelder? Sind diese kurzfristig verfügbar?
• Welche sonstigen finanziellen Mittel können Sie nutzen?

Bilanz: Soll/Haben pro Monat

• Wie lange können Sie ohne Einkommen Ihren finanziellen Verpflichtungen
  nachkommen?
• Wo können und wollen Sie sich finanziell einschränken? (Kredite tilgungsfrei
  stellen; Haushaltskosten; Freizeitkosten; Kosten der Kinder; Versicherungen;
  Anzahl der PKWs; Leasingverträge)
• Welche neuen Kosten kommen auf Sie zu? (Outplacement-Beratung; Coaching;
  Rechtsanwaltskosten)?

Wenn Sie einen Überblick über Ihre finanzielle Situation gewonnen haben, können
Sie weitere Aktivitäten mit einem sicheren Gefühl planen und in Angriff nehmen.

Sie wissen z. B., wann Sie wieder eine neue Stelle haben müssen, aber auch, ob Sie sich noch eine Auszeit in Form eines Urlaubs leisten können.

5.1.2 Unterstützung bei der Einschätzung und Planung der finanziellen Situation

Ein wichtiger Gesprächspartner ist für Sie jetzt Ihr Steuerberater. Mit ihm müssen Sie klären, wie sich welche Abfindungsvereinbarungen steuerlich auswirken. Die Zahlung von Abfindungsgeldern kann steuerlich anders gehandhabt werden als das reguläre Einkommen.

Wichtig ist es ferner zu prüfen, welche Leistungen des Arbeitgebers im Rahmen der Abfindungsvereinbarung für Sie steuerfrei sind.

Hier ist durchaus Vorsicht geboten, da nicht jede Beratungs- und Trainingsleistung gleich betrachtet wird. Der grundlegende Unterschied besteht darin, ob die Maßnahme einer schnellen Neupositionierung und den Interessen des Unternehmens dienen soll oder primär als Förderung der beruflichen Entwicklung betrachtet wird. Gerade hinsichtlich dieser Fragen ist es ratsam, sich vor dem Unterzeichnen der Aufhebungs- oder Abfindungsvereinbarung beraten zu lassen.

Wichtig ist die Auskunft Ihres Steuerberaters auch in der Frage, welche Aufwendungen Sie steuerlich geltend machen können. Hierbei geht es um Bewerbungs-, Beratungs-, Weiterbildungskosten etc.

Nicht weniger wichtig ist Ihr Berater bei Ihrer Hausbank. Mit Ihm müssen Sie über Verpflichtungen sprechen, die sich aus Krediten ergeben, aber auch über angelegte Gelder oder die Finanzierung Ihrer laufenden Kosten, die nicht mehr durch Ihr Einkommen abgedeckt werden.

Ab wann Sie sich arbeitslos melden müssen, wie viel Arbeitslosengeld Sie bekommen und wie lange Sie es bekommen, darüber informieren Sie sich am besten direkt bei der Bundesagentur für Arbeit (www.arbeitsagentur.de). Hier erfahren Sie auch, welche zusätzlichen Leistungen Sie erhalten, wie zum Beispiel Versicherungen, Überbrückungsgelder oder Unterstützung bei Existenzgründung, und worauf Sie achten sollten, um doppelte Beiträge, z. B. Krankenversicherung, zu vermeiden.

5.2 Veränderungen in der Familie meistern

Dass der Familie in der Phase der Neuorientierung eine wesentliche Rolle zukommt, steht außer Frage. Damit Sie die Situation gemeinsam erfolgreich bewältigen können, gilt es, verschiedene Fragen zu klären, um Ihr Handeln auszurichten. Ziel sollten dabei sein, zum einen zusätzliche und unnötige Belastungen für alle Beteiligten zu vermeiden und zum anderen, die Ihnen jetzt zur Verfügung stehende Zeit optimal zu nutzen und zwar für alle Beteiligten.

Ihre Familie bietet das, was viele andere nicht in der gleichen Art und nicht im gleichen Umfang bieten können: einen geschützten Raum, in dem Sie offen über Ängste, Wut, Verletzung, Enttäuschung und Traurigkeit reden können. Machen Sie es nicht wie inzwischen hunderte von japanischen Arbeitslosen: Aus Angst, zu Hause den Verlust ihres Arbeitsplatzes eingestehen zu müssen, verbringen Sie den ganzen Tag in der Tokioter U-Bahn. Schenken Sie Ihrer Familie so früh wie möglich reinen Wein ein. Offenheit und Austausch in der Familie sind in dieser Zeit wesentlich, damit Sie gemeinsam die Zukunft neu gestalten und sich über Möglichkeiten und Optionen klar werden können. Welche Veränderungen kann die Familie zurzeit tragen? Wie soll die zukünftige Lebenssituation aussehen? Sie sollten alle finanziellen, privaten und beruflichen Fragen diskutieren und zu gemeinsamen Entscheidungen finden.

Das wird nicht in einem einzigen Gespräch gehen. Zum einen benötigt gerade die emotionale Auseinandersetzung und Verarbeitung der Situation Zeit. Zum anderen wird sich die Einschätzung der Situation durch Sie selbst, aber auch bei Ihren Angehörigen immer wieder verändern. Heute sind Sie frohen Mutes und voller Optimismus – und morgen fragen Sie sich vielleicht wieder voller Sorgen, wie es denn nun weitergehen soll. Heute sehen Sie die Situation sachlich – und morgen spüren Sie wieder den Groll gegenüber Ihrem Arbeitgeber und die Kränkung. Nachfolgende Fragen können Ihnen helfen, die Situation gemeinsam zu betrachten und einzuschätzen:

- Wer ist in unserer Familie in welcher Form und in unserem engsten Umfeld von der Kündigung betroffen?
- Wie reagieren die Kinder? Welche Reaktionen sind hier noch denkbar?
- Was sind bei wem die aktuell stärksten emotionalen Reaktionen auf die Kündigung?
- Was bereitet wem Angst und Sorgen?
- Sehen wir auch schon Chancen in der Kündigung, welche sind das?
- Was erscheint uns jetzt besonders wichtig, um mit der Situation und der sich daraus für alle ergebenden Belastungen richtig umzugehen?
- Welche Unterstützung und Hilfe wollen und können wir in Anspruch nehmen?

Ihre Kündigung wird früher oder später (Freistellung/Vertragsenddatum) dazu führen, dass Sie ungewohnt viel zu Hause sind. Rollen- und Aufgabenverteilung in der Familie können sich dadurch zumindest vorübergehend ändern. Allein

dadurch, dass Sie nicht mehr jeden Tag früh aus dem Haus gehen und spät wieder-
kommen, ändern sich Abläufe und Strukturen in der Familie. Am besten sprechen
Sie frühzeitig darüber, um mögliche Konflikte von vornherein zu vermeiden.

- Wer hat bisher welche Aufgaben übernommen?
- Wollen und sollten wir diese Aufgabenverteilung jetzt anpassen?
- Kommen aufgrund veränderter finanzieller Rahmenbedingungen zusätzliche
  Aufgaben hinzu (Haushalt, Kinderbetreuung etc.)?
- Wer wird aktuell welche Aufgaben für die Familie übernehmen?

5.3 Aus der persönlichen Haltung Energie schöpfen

Wir sind heute das Ergebnis unseres Denkens von gestern.

Es ist verständlich, wenn Sie sich als *Opfer* fühlen. Diese Gedanken bringen Sie aber
nicht weiter. Ihre Balance und Handlungsfähigkeit finden Sie dann wieder, wenn
Sie anfangen, die eingetretene Veränderung nicht mehr aus der Opferrolle heraus
zu erleben. Das ist in Ihrer Situation natürlich wesentlich leichter gesagt als getan.
Einige Einstellungen oder Gedanken können dabei helfen.

Veränderungen als Chance sehen Veränderungen lösen – wie bereits besprochen
– bei vielen von uns Ängste aus. Auch wenn wir unzufrieden sind und uns eigentlich
etwas anderes wünschen, neigen wir aus Angst vor Veränderungen dazu, lieber alles
beim Alten zu lassen. Da wir nie genau wissen können, was sie uns bringen, nehmen
wir Veränderungen in erster Linie als Risiko statt als Chance wahr. Nehmen Sie
Abstand von dem Irrglauben, Veränderungen vermeiden zu können – sie sind
ein Bestandteil des Lebens. Konzentrieren Sie sich lieber auf die Frage, ob Sie in
Zukunft lediglich auf Veränderungen reagieren oder diese selbst initiieren wollen,
weil Sie sie als Chance sehen, die Sie für sich nutzen können und wollen.

Mit sich selbst zusammenarbeiten Nach der Kündigung besteht die Gefahr, dass
Sie sich das Leben unnötig schwer machen, indem Sie anfangen, an sich zu zweifeln und mit sich selbst unzufrieden zu sein. Sie fühlen sich nicht leistungsfähig
genug, nicht qualifiziert genug, nicht dem Bedarf entsprechend, etc. Mit dieser
Einstellung arbeiten Sie beständig gegen sich. Die erste Veränderung, die Sie selbst

initiieren können ist, sich selbst wieder zu mögen. Sich selbst nicht zu mögen, verbraucht sehr viel Energie – nutzen Sie diese Energie lieber, um mit Ihnen selbst zusammenzuarbeiten.

Sich selbst etwas zutrauen Eine ganz wesentliche Einstellung bei allem, was Sie tun wollen, ist, dass Sie sich selbst zutrauen, die jeweilige Aufgabe bewältigen zu können. Selbstzweifel rauben Ihnen wertvolle Energie. Erst das Vertrauen in sich selbst spendet Ihnen die Kraft, die Sie für die vor Ihnen liegenden Herausforderungen brauchen. Was immer Sie sich zutrauen, können Sie möglicherweise auch erreichen. Was Sie sich selbst absprechen, wird definitiv unerreichbar.

Es gibt Grenzen – die überwunden werden können Das es Grenzen gibt, steht außer Frage. Wir können nicht alles erreichen, nicht alles verändern und erst recht keine Naturgesetze außer Kraft setzen. Wichtig ist jedoch, dass Sie sich bewusst machen, dass viele Ihrer Grenzen nur in Ihrem eigenen Kopf existieren. Entdecken Sie Ihre Grenzen neu, indem Sie deren Unveränderbarkeit genau hinterfragen: Welche Ihrer Grenzen sind real und welche haben Sie sich selbst gesetzt?

Nicht in Extremen denken und leben Es gibt mehr als *schwarz und weiß* und *ganz oder gar nicht*. Zwischen diesen Extrempositionen gibt es immer eine Reihe von Möglichkeiten, Zwischentönen und Abstufungen. Mit extremen Einstellungen neigen wir schnell dazu, bestimmte Vorschläge kategorisch abzulehnen. Besser ist es, *Neues* oder *Anderes* erst einmal neugierig zu betrachten.

Heute beginnen, aber nicht alles auch schon heute erreichen wollen Zeigen Sie die Bereitschaft, heute zu beginnen, anstatt alles auf morgen zu verschieben. Fangen Sie heute an, aber bedenken Sie auch, dass niemand von heute auf morgen sein komplettes Leben verändern kann. Darum geht es auch nicht. Wenn Sie die vor Ihnen liegende Herausforderung meistern wollen, fangen Sie an einer kleinen Ecke damit an – die Hauptsache ist, dass Sie überhaupt damit anfangen.

Geduld haben und auf sich selbst hören Wichtig ist, Geduld mit sich selbst zu haben. Konstruktive Entwicklungsprozesse brauchen Zeit – nicht zuletzt, damit man sich auch während des Prozesses immer wieder fragen kann, was genau man wirklich erreichen will. Achten Sie auf sich selbst und hören Sie auf Ihre innere Stimme, wenn Sie damit beginnen, Ihr eigenes Leben zu überdenken und Ihre Ziele zu hinterfragen. Sie müssen bei weitem nicht alles übernehmen, was Sie hier oder anderswo lesen und hören. Folgen Sie Ihrer Intuition, Sie wissen selbst, was gut für Sie ist. Hören Sie immer wieder in sich hinein, nehmen Sie Ihre Empfindungen wahr und folgen Sie Ihrem persönlichen Tempo.

5.3.1   Keine Veränderung ohne Entscheidung

Entscheidungen bestimmen unser Leben. Schon morgens nach dem Aufstehen müssen wir entscheiden, was wir anziehen, was wir frühstücken und um wie viel Uhr wir aus dem Haus gehen. Viele dieser Entscheidungen nehmen wir dabei aus Gewohnheit gar nicht mehr als solche wahr. Wir sagen: *Ich muss pünktlich bei der Arbeit sein, also unterliegt es doch nicht meiner Entscheidung, wann ich mich auf den Weg mache.* Aber ist das wirklich so? Wenn Sie einmal bewusst darüber nachdenken, entscheiden Sie durchaus selbst, wann und ob Sie etwas machen. Es ist nur so, dass wir viele unserer Entscheidungen unbewusst treffen, da sie uns wie eine Pflicht erscheinen. So kann es sein, dass Sie das Essen mit den Schwiegereltern am Sonntagmittag als lästig, aber unvermeidlich empfinden. Wenn Sie ehrlich sind, entscheiden Sie sich jedoch jedes Mal erneut dazu. Sie könnten das Essen durchaus absagen, denn zwingen kann Sie niemand – außer Sie sich selbst.

Machen Sie sich Ihre Entscheidungen bewusst   Überdenken Sie doch einmal, wofür und wogegen Sie sich alltäglich entscheiden. Entscheiden Sie oder fühlen Sie sich gezwungen durch Regeln, Normen und Werte anderer oder das, was andere meinen, was jetzt richtig für Sie ist? Entscheidungen bewusst zu treffen ist ein wesentliches Element eigenverantwortlichen Handelns – und somit auch ein wesentliches Element eigenverantwortlicher und selbstinitiierter Veränderungen, die Sie jetzt anstoßen können.

Entscheiden heißt wählen   Selbstbestimmt zu entscheiden stellt immer eine Wahl dar – Sie entscheiden sich für etwas und somit automatisch gegen etwas anderes. Das macht Entscheidungen oft und vielleicht gerade jetzt, schwierig: Wenn Sie sich für zwei Wochen Urlaub mit Ihrer Frau/Ihrem Mann entscheiden, entscheiden Sie sich gleichzeitig dagegen, diese Zeit für die Suche nach einer neuen Position zu nutzen. In der Zeit des Umbruchs, in der wir nicht wissen, was alles noch auf uns zukommt, wäre es uns am liebsten, wir könnten alle Alternativen nutzen und müssten uns somit weder bewusst für noch bewusst gegen etwas entscheiden. Trotzdem entscheiden Sie bewusst anstatt andere für sich entscheiden lassen. Nutzen Sie Ihre Wahlmöglichkeiten und somit Ihre Chance, stolz auf die selbst bestimmten Veränderung sein zu können.

Für *das Richtige* entscheiden Was *richtig* ist, können Sie nur für sich selbst entscheiden. Richtig ist in jedem Fall all das, was Ihnen gut tut und was Sie persönlich weiter bringt. Es geht für Sie also immer wieder darum, herauszufinden, was Sie brauchen und was Sie wollen, was Sie von Ihrem Leben und sich selbst erwarten und was Sie sich erhoffen. Die Kenntnis Ihrer Hoffnungen und Wünsche führt Sie nahezu automatisch zu den dafür notwendigen Handlungen.

5.4   Stress- und Belastungsmanagement: Was hilft?

Dass die Situation und die damit verbundenen psychischen Belastungen zu Stress und damit auch zu körperlichen Symptomen führen können, ist verständlich und leicht nachzuvollziehen. Wir sprechen heute schnell und viel von Stress. Gerade in der aktuellen Situation ist es für Sie wichtig zu verstehen, was Stress ist und wie es zu den Symptomen von erlebtem Stress kommt. Sehr leistungsbereite Menschen mit hohem beruflichen Engagement und einer gewissen Härte gegen sich selbst, sind sich oft gar nicht darüber bewusst, ob sie gestresst sind oder nicht. Viele sind Meister darin, den eigenen Stress zu verdrängen und fühlen sich so lange gut, bis sie irgendwann zusammenbrechen. Dann erleben wir Burn-Out, Hörsturz und oft noch Schlimmeres.

Was verursacht eigentlich den erlebten Stress? Aus wissenschaftlichen Untersuchungen im Zusammenhang mit Stress wird unter anderem folgendes Phänomen beschrieben: Das Stammhirn – *Reptiliengehirn* (das ist der stammesgeschichtlich älteste Teil unseres Gehirns, den evolutionstheoretisch schon die ersten Reptilien besaßen) – reagiert reflexartig auf alles Neue. Seine Reaktion lässt uns die Wahl zwischen zwei Alternativen: Fliehen oder Kämpfen. Im Bruchteil einer Sekunde wird in diesem Gehirnteil eine Situation als gefährlich eingeschätzt und die Entscheidung zur Flucht oder zum Kampf getroffen. Erleben können Sie diese Reaktion an sich selbst, wenn Sie z. B. mit der Hand versehentlich einen heißen Topf berühren und sich daran verbrennen.

Entwicklungsgeschichtlich ist dies die Reaktion, die Überleben sichert. Unsere Vorfahren mussten innerhalb von Sekundenbruchteilen zwischen Kampf und Flucht entscheiden können – ist der Schatten Raubtier oder Beute?

Um diese Reaktion überhaupt so schnell vollziehen zu können, muss der Körper reagieren – bereit sein. Bei *Stress* erhöhen sich Herzschlag, Puls und Blutdruck. Hände und Füße werden kalt, weil das Blut aus den Extremitäten in die Muskelbereiche strömt, um schneller laufen zu können. Gehör und Sehvermögen nehmen zu.

Der Adrenalinspiegel im Blut steigt, was etwa Erneuerungs- und Wachstumsprozesse im Körper hemmt. In Stresssituationen muss nur funktionieren, was für Kampf und/oder Flucht gebraucht wird, alles andere wird reduziert oder *stillgelegt*. In ganz extremen Gefahrensituation entleert sich auch unser Darm, quasi um Ballast abzuwerfen. Diese körperliche Reaktion ist für den Moment gut und hilfreich und in manchen Situationen Überleben sichernd, auf Dauer ist sie jedoch schädlich.

5.4.1 Stress entsteht auch in Situationen, die gar nicht gefährlich sind

Das Stammhirn kann leider wirkliche Gefahr und eine harmlose Situation nicht immer voneinander unterscheiden. Alles was möglicherweise bedrohlich sein könnte, wird als Gefahr eingestuft, und es kommt zu einer mehr oder weniger starken Stressreaktion. Zu dieser Reaktion kommt es auch, wenn Sie überarbeitet sind, wenn Sie nicht wissen, wo Ihnen der Kopf steht und wenn Sie vor neuen, unbekannten Situationen stehen, etwa der erfolgten Kündigung.

Gefährlich ist dauerhafter Stress Im Normalfall ist Stress nur ein kurzfristiger Zustand und schadet deshalb nicht. Beim Nachlassen der Gefahr oder der Stress-Situation lassen auch die Stressreaktionen des Körpers wieder nach. Gefährlich wird es allerdings, wenn aus dem kurzfristigen Stressgefühl ein dauerhafter Stress wird.

Die Herausforderung der Neuorientierung, der Ärger und die Angst, die mit der Kündigung verbunden sind, führen schnell zu Dauerstress. Eine typische Begleiterscheinung ist das Gefühl, das eigene Leben nicht mehr richtig unter Kontrolle zu haben. Jetzt bringen bereits die kleinsten Dinge das *Fass zum Überlaufen*. Es kommt zu ungewollten Konflikten und Missstimmungen, auch mit Personen, die mit dem Stress auslösenden Situation nichts zu tun haben. Wir fühlen uns gelähmt, alles fällt schwer, und es wird immer schwerer, wirklich zu entspannen und auszuruhen.

Wachsam sollten Sie werden, wenn Sie Folgendes bei sich selbst feststellen:

- Ständiges Grübeln über all das, was war und noch ansteht,
- deutliche Schwierigkeiten, Entscheidungen zu fällen,
- Aggressivität,
- Depressionen,
- irrationale Ängste,
- Missbrauch von Alkohol und/oder Drogen,
- Müdigkeit,

- Zerstreutheit und Vergesslichkeit,
- übermäßiger oder geringer Appetit,
- Krankheiten oder andere diffuse körperliche Beschwerden,
- Schlafstörungen,
- . . .

Wenn Sie feststellen, dass der Stress, dem Sie durch den Verlust Ihres Arbeitsplatzes
ausgesetzt sind, einige der oben genannten Symptome bei Ihnen auslöst, wird es
Zeit, für sich selbst Möglichkeiten zu entwickeln, mit der bestehenden Belastung
umzugehen und die verbrauchten Energien zurückzugewinnen – und zwar noch
bevor Sie am Ende Ihrer Kräfte sind.

5.4.2 Anti-Stresstipps für Geist und Seele

Sorgen Sie für sich! Hören Sie auf Ihre innere Stimme und sorgen Sie gut für sich.
Erlauben Sie sich einfach mal die kleinen Freuden des Lebens, wie etwa ein gutes
Essen, einen ausgiebigen Spaziergang, etwas, das Ihnen richtig gut tut.

Lernen Sie zu meditieren! Hier geht es darum, den Geist zu beruhigen, anstatt
ihn weiter zu beschäftigen. In der Meditation versuchen Sie, Ihren Geist frei zu
machen von allen Gedanken. Hierfür reichen oft schon einige Minuten, in denen
Sie z. B. einfach nur ruhig in eine Kerze schauen – und sich dabei von all Ihren
Gedanken lösen. Auch Yoga und andere Entspannungstechniken können jetzt von
großer Hilfe für Sie sein.

Reden Sie! In Stresssituationen tut es oft gut, sich die Gedanken, die einen belasten
aus dem Kopf zu reden und sich so Erleichterung zu verschaffen. Hierbei geht es
nicht primär darum, sich bei jemandem Rat zu holen, sondern darum, jemanden
zu haben, der einem einfach nur zuhört. Wenn Sie sich niemandem mitteilen
möchten, kann es auch helfen, wenn Sie Ihre Gedanken aufschreiben oder ein Bild
dazu malen.

Beschäftigen Sie sich mit den Dingen, die Sie sonst vermissen! Bestimmt haben
Sie während Ihrer Arbeitszeit häufiger darüber nachgedacht, wie gerne Sie in diesem
Moment Zeit mit Ihrem Partner und/oder Ihren Kindern oder vielleicht auch mit
Ihren Tieren verbringen würden. Auch die persönliche Weiterentwicklung und
Weiterbildung bleibt im Berufsalltag häufig auf der Strecke. Hierfür und für alle

anderen Dinge haben Sie nun Zeit – nutzen Sie sie, um Ihre negativen Gedanken und Gefühle in positive zu verwandeln. Denken Sie immer daran: das Leben besteht nicht nur aus Arbeit.

5.4.3 Anti-Stresstipps für den Körper

Sorgen Sie für Bewegung! Gerade in Stresszeiten brauchen wir Bewegung ganz besonders. Unser Körper will sich bewegen, auch wenn unser Geist vielleicht müde ist. Bei mangelnder Bewegung verspannen wir uns schnell und können unsere angestauten negativen Energien nicht abbauen. Wählen Sie eine Sportart aus, die Ihnen Spaß macht oder der Sie sich vielleicht schon immer mal widmen wollten – bisher aber keine Zeit dafür gefunden haben. Gerade Ausdauersport wie Laufen oder Fahrradfahren sind einfach umzusetzen und wirken Wunder.

Ernähren Sie sich gesund! Nicht nur Ihr Geist, sondern auch Ihr Körper ist in Stresszeiten einer größeren Belastung ausgesetzt. Tun Sie ihm und somit auch sich selbst etwas Gutes, indem Sie viel Obst und Gemüse essen. Auf diese Weise steigern Sie Ihr Wohlbefinden, da Sie Ihrem Körper ausreichend Vitamine und Mineralstoffe zur Verfügung stellen. Des Weiteren sollten Sie auf eine ausreichende Magnesiumzufuhr achten (u. a. in Kürbis- oder Sonnenblumenkernen vorhanden).

Schränken Sie Genussmittel ein! Schränken Sie Nikotin und Koffein ein und verzichten Sie möglichst auf Alkohol. Die kurzfristigen Erleichterungen durch Genussmittel rächen sich später umso mehr, denn sie stellen eine weitere Belastung für Ihren Körper dar.

Das A und O: Gesprächsstrategien und -kompetenz

6

Zusammenfassung

Die Ausgangsbasis für Ihr weiteres Handeln haben Sie bereits in den vorange-gangenen Kapiteln – durch die Erarbeitung umfangreicher Kenntnisse über sich selbst – geschaffen. In diesem Kapitel dreht sich nun alles um Ihre Gesprächsstra-tegien und -kompetenzen. D. h. wir unterstützen Sie dabei, Ihr Eigenmarketing zu verbessern, sich richtig auf Verhandlungssituationen und Verhandlungs-partner vorzubereiten sowie Verhandlungen durch die richtigen Fragen und Argumente zum Erfolg zu führen, ohne die eigenen Interessen und Ziele aus den Augen zu verlieren. Wir weisen auch darauf hin, was in Gesprächssituatio-nen schwierig werden kann und wie Sie damit umgehen können. Zum Schluss erhalten Sie von uns konkrete Hinweise, wie Sie alles Erreichte schriftlich fixieren und warum sie dies auch unbedingt tun sollten!

Egal, ob Sie sich in einer Abfindungsverhandlung mit Ihrem alten Arbeitgeber befinden oder sich bei einem neuen Unternehmen vorstellen: Gute Kommuni-kationsstrategien erleichtern Ihnen viele Situationen und können Türen öffnen. Machen Sie sich durch eine gute Vorbereitung dialogfähig und gewinnen Sie an Si-cherheit. Im folgenden Abschnitt werden zentrale Aspekte Ihrer Selbstvermarktung besprochen.

6.1 Mit Eigenmarketing zum Erfolg

In den vorherigen Kapiteln haben Sie Kenntnisse über sich selbst erarbeitet. Sie haben eine Übersicht über Ihre Stärken und Ihre Schwächen. Sie wissen nun, was Sie wollen und wo Sie Abstriche machen können. Dies ist Ihre Ausgangsbasis für weiteres Handeln.

M. Lorenz, U. Rohrschneider, *Neuorientierung für Führungskräfte*,
DOI 10.1007/978-3-658-05142-6_6, © Springer Fachmedien Wiesbaden 2014

Die fachlichen und persönlichen Qualitäten sind letztlich entscheidend für den beruflichen Erfolg, doch wie stellen Sie Ihre Stärken und Qualifikationen vor? Erst die Verbreitung Ihrer Kompetenz und Ihrer Person macht potenzielle Arbeitgeber auf Sie aufmerksam. Hier beginnt Eigenmarketing – die Darstellung Ihrer eigenen Person.

Marketing ist die Ausrichtung der Unternehmensziele und -entscheidungen auf den Markt, das Ziel ist es, Produkte oder Dienstleistungen zu verkaufen. Eigenmarketing ist nun die Ausrichtung Ihrer Leistung auf den Arbeitsmarkt.

Wenn Sie sich selbst vermarkten, werden mit Ihrer Person bestimmte Fähigkeiten, Eigenschaften und Fachkenntnisse verbunden. Um diese herauszustellen, müssen Sie auch hier wieder eine Bilanz ziehen. Vergleichen Sie sich selbst mit Mitbewerbern. Was unterscheidet Sie von anderen Bewerbern? Was können Sie besser? Wo sind Ihre Defizite? Was muss noch optimiert werden?

6.1.1 Der Eigenmarketing-Mix

Viele Ihrer Stärken haben Sie bereits herausgestellt. Diese gilt es nun, mit denen Ihrer Mitbewerber zu vergleichen und gezielt auf die Bedürfnisse des Marktes auszurichten. Hierbei ist es hilfreich, folgende Aspekte bei sich selbst zu analysieren:

Leistungsangebot Analysieren Sie Ihr persönliches Leistungsangebot. Hier können Sie auf die Ergebnisse aus Kap. 3 zurückgreifen. Schreiben Sie alle Ihre Fähigkeiten und Kenntnisse zusammen. An dieser Stelle gehören die beruflichen Erfahrungen, die fachlichen und schulischen Kenntnisse, Weiterbildungsmaßnahmen etc. dazu. Schauen Sie auch, welche Kenntnisse und Qualifikationen Sie haben, die besonders bei Unternehmen gefragt sind. Ziehen Sie hier einen Vergleich zu anderen Mitbewerbern. Wo sind Sie Ihre Mitbewerber im Vorteil?

Persönlichkeit Ermitteln Sie im nächsten Schritt, worin Sie besonders gut sind. Welche Eigenschaften, die in Ihrer Persönlichkeit liegen, sind im Berufskontext besonders nützlich. Was würde Ihr früherer Chef oder Kollege sagen: Wo liegen Ihre persönlichkeitsbezogenen Stärken? Was sind Fertigkeiten, die andere nicht haben? Stellen Sie diese Fertigkeiten in den Vordergrund.

Aus Ihrem Leistungsangebot und Ihren Stärken entwickeln Sie ihr persönliches Profil. Prüfen Sie genau, wie Sie Ihr Profil in einem Unternehmen einsetzen können. Welchen Beitrag leistet Ihr Handeln zum Unternehmenserfolg bzw. zu den Unternehmenszielen? Was ist der Mehrwert für das Unternehmen, wenn dieses Sie einstellt?

Networking Gerade wenn Sie auf der Suche nach einem neuen und passenden Arbeitgeber sind, brauchen Sie ein gut funktionierendes Netzwerk. In Kap. 8 wird noch konkreter auf den Aufbau eines persönlichen Netzwerkes eingegangen. Für Ihr Eigenmarketing sind die Kontakte zu Kollegen und Vorgesetzten besonders wichtig. Auch den Kontakt zu früheren Kunden und Kooperationspartnern können Sie nutzen, um sich selbst auf dem Markt zu präsentieren. Wichtig ist, dass Sie das persönliche Gespräch suchen, sei es auf Veranstaltungen, Messen, Workshops, Vorträgen, etc.

Werbung Machen Sie Ihr Profil bekannt! Stellen Sie Ihre Leistungen und Person in Ihrem Netzwerk heraus. Wecken Sie Aufmerksamkeit. Letztendlich hängt der Erfolg davon ab, wie Andere Sie sehen. Dies mag für den Einen oder Anderen eine neue Herausforderung sein. Introvertierte und analytisch veranlagte Menschen werden hier besonders gefordert sein. Es geht aber nicht darum, dass Sie Spaß an den sozialen Aktivitäten haben, sondern es handelt sich um eine zeitliche Investition, die Ihnen zu einem neuen Arbeitsverhältnis verhilft. Verkaufen Sie Ihre Fähigkeiten. Reden Sie über Ihre Fähigkeiten und bieten Sie Ihre Unterstützung überall dort an, wo genau diese Fähigkeiten gebraucht werden.

6.2 Überzeugungskraft gewinnen: Halten Sie Ihren Kurs!

Gehen wir noch einmal einen Schritt zurück: zum Trennungsprozess und der optimalen Gesprächsstrategie für Sie. Insbesondere Verhandlungen im eigenen Trennungsprozess erfolgreich und mit dem Anspruch an eine *gute Verhandlungsführung* zu führen, ist eine hohe Herausforderung an sich selbst und fordert viel von Ihnen. Es geht darum, die eigenen Interessen und Rechte zu wahren und so erfolgreich wie möglich in einer Situation höchster emotionaler Beteiligung umzusetzen. Trotz oder gerade wegen der Anspannung, Ängste, Wut und erfahrener und empfundener Kränkungen, müssen Sie einen klaren Kopf behalten, um die eigenen Ziele zu formulieren, sie sicher im Blick zu behalten und zu verwirklichen.

Diese besonderen und erschwerten Bedingungen, die Herausforderung, vor der Sie stehen, erfordert eine besonders gute Vorbereitung von Ihnen. Selbst wenn Sie sich bisher schon immer gut auf wichtige Verhandlungen vorbereitet haben – in diesem Fall sollten Sie noch etwas mehr Zeit dafür investieren. Nur dies versetzt Sie in die Lage, wohldurchdachte Lösungen mitzugestalten, die richtige Strategie zu wählen und die richtigen Entscheidungen zu treffen. Auch wenn Sie die

Trennung akzeptieren müssen, in den Verhandlungen gestalten Sie die Modalitäten und Ergebnisse aktiv mit!

Zitat (Betroffener) B. T.:

> Die Vorlaufzeiten für Abfindungsverhandlungen sind sehr zeitintensiv. In der Regel sind zwischen 6–12 Verhandlungsrunden erforderlich, bis letztlich der Aufhebungsvertrag unterschrieben ist.

Wie bereits an anderer Stelle betont, sollten Sie bei der Vorbereitung, aber auch bei der Verhandlungsführung selbst, nicht den Anspruch verfolgen, alles allein zu bewältigen. Besprechen und diskutieren Sie Ihre Interessen für die Trennungsverhandlungen und die Möglichkeiten der Gestaltung und Durchsetzung Ihrer Interessen frühzeitig mit Ihrem Steuerberater und Ihrem Rechtsanwalt. Für die Entwicklung Ihrer persönlichen Gesprächsstrategie und Verhandlungskompetenz finden Sie in einem Coach den richtigen Sparringspartner.

Zur Vorbereitung gehört es auch, mit Ihrem Rechtsanwalt den Zeitpunkt zu definieren, ab wann er aktiv in die Verhandlungen involviert wird. Sie müssen klären, ob es für Sie von Vorteil ist, zu Beginn die Verhandlungen selbst zu führen, ihn von Anfang an mitzunehmen oder die Verhandlung gleich ganz an ihn abzugeben. Allein unter dieser Fragestellung ist ein intensiver Austausch mit Ihrem Fachanwalt wichtig. Er muss Ihre Ziele kennen und mit Ihnen gemeinsam erarbeiten, wie Sie diese erreichen. Erst dann ist er in der Lage, Ihre Interessen wirksam und in Ihrem Sinne zu vertreten.

Zitat eines Fachmanns: B. T., Personalleiter:

> Meine Empfehlungen an einen Freund wären: Zunächst sollte er nach der Ankündigung der beabsichtigten Trennung gelassen reagieren und sich Bedenkzeit ausbitten. Diese Zeit sollte er nutzen, um eine eindeutige Gesprächsstrategie, gegebenenfalls unter Einbeziehung von Freunden, zu entwickeln und dann mit klaren Vorstellungen mit einem Aufhebungspaket auf die Firma zugehen.
> Man sollte davon Abstand nehmen, überall in der Organisation nach Verbündeten zu suchen, sondern sich schnellstmöglich mit der Situation abfinden und die Zukunftsgestaltung optimistisch in die Hand nehmen.

Sie finden in diesem Kapitel Tipps und Anregungen zu den folgenden Faktoren, die für Ihre erfolgreiche Verhandlungsführung unerlässlich sind:

Die Einschätzung der Gesprächspartner, die am Prozess beteiligt sind Finden Sie heraus, *mit wem Sie es zu tun haben* und welche Zielsetzungen und Interessen er vertritt.

Das Bewusstsein der persönlichen Verhaltensweisen in schwierigen Verhandlungssituationen Betrachten Sie Ihren Verhandlungsstil und Ihre persönliche Verfassung. Entscheiden Sie, wer die Verhandlungen führt. Es geht um die Wahrung Ihrer Rechte und Würde. Zeigen Sie die Zähne, aber wählen Sie nicht den Heldentod!

Die Abwägung und Formulierung der eigenen Interessen und Ziele Definieren Sie, was Sie erreichen wollen und setzen Sie Prioritäten, damit Sie Ihre zentralen Interessen wahren. Klären Sie offene Fragen und sammeln Sie alle für Sie wichtigen Informationen.

Die Entwicklung der eigenen Verhandlungsstrategie Spielen Sie durch, wie Sie Ihre Ziele am besten erreichen und welche Strategie zu Ihnen und Ihrer Verhandlungssituation am besten passt.

Die zielgerichtete Durchführung der Verhandlung Auch hier ist eine gute Vorbereitung unerlässlich. Überlegen Sie außerdem, wie Sie vorgehen werden, wenn es zunächst nicht zu einer Einigung kommt.

Die Sicherstellung des Erreichten Dokumentieren Sie immer Ihre Verhandlungsergebnisse. Sie stellen so sicher, dass nichts vergessen wird und getroffene Vereinbarungen verbindlich werden.

6.3 Ihre Verhandlungspartner

Trennungsverhandlungen sind in der Regel für alle Beteiligten Gespräche, die als persönlich schwierig empfunden und ungern geführt werden. Dies gilt auch für die meisten Vertreter des Unternehmens, mit denen Sie sprechen. Ein großer Teil der Schwierigkeiten und Konflikte, die in Trennungsgesprächen entstehen, ergibt sich dadurch, dass die Vertreter des Unternehmens nicht genügend vorbereitet und geschult werden, um mit diesen Situationen und der emotionalen Betroffenheit der Beteiligten umzugehen. Aus der eigenen Unsicherheit heraus und mit dem Ziel, diese Situation schnell zu beenden, entwickeln sich zum Teil Gesprächsstile, in denen die Würde und gegenseitige Achtung der Beteiligten nicht mehr im Vordergrund stehen. Aber: Konflikte führen nie zum bestmöglichen Ergebnis. Sollen Konflikte und unnötige juristischen Auseinandersetzungen vermieden werden, erfordert dies auf beiden Seiten den Willen zur sachlichen Verhandlungsführung. Sie können Ihren Beitrag dazu leisten. Mit den nachfolgenden Ausführungen wollen wir Sie in die Lage versetzen, Ihrem Gesprächspartner einen Schritt voraus zu sein. Wir wollen Sie in die Lage versetzen, sich sehr bewusst auf Ihre Gesprächspartner einzustellen, damit Sie entsprechend agieren und das Gespräch steuern können.

6.3.1 Wer ist mein Gegenüber?

Auch wenn es Ihnen in dieser besonderen Situation schwer fällt: Wenn Sie mit einem Menschen konstruktiv verhandeln und Ihre Ziele erreichen wollen, müssen Sie bereit sein, die Situation auch durch seine *Brille* zu betrachten, damit gegenseitiges Verständnis überhaupt möglich ist. Wenn Sie nicht entdecken, welcher *Typ* Ihnen als Gesprächspartner gegenüber sitzt, warum er wie handelt und welche Interessen er verfolgt, werden Sie ihn nicht oder nur mit viel Aufwand überzeugen können. Erst dieses Verständnis macht es möglich, sich miteinander zu verständigen und einen Konsens zu finden, anstatt nur gegeneinander zu kämpfen. Ein *Duell* führt häufig zu schweren Verletzungen auf beiden Seiten und das Glück ist ein unzuverlässiger Partner.

Um sich in einer Verhandlung auf den Partner einstellen zu können und die richtige Gesprächsstrategie zu wählen, ist es wichtig zu verstehen, wie er *tickt*. Dabei geht es um seine Eigenheiten, seinen Stil und seine Persönlichkeit. Hierzu gibt es viele Modelle und Erklärungen. In der konkreten Situation und im eigenen Verhalten hilft Ihnen ein einfaches Modell am besten. Allerdings ist es – das ist Modellen so eigen – nur ein stark vereinfachtes Abbild der Wahrheit und nicht die *Wahrheit* selbst. Mit zwei Persönlichkeitsdimensionen, introvertiert versus extrovertiert und emotional versus sachlich, lassen sich Verhaltensweisen von Menschen sehr anschaulich beschreiben und erklären. Die Informationen, die Ihnen dieses einfache Modell gibt, unterstützen Sie dabei, Ihren Gesprächspartner einzuschätzen und sich in Ihrer Verhandlungsstrategie auf ihn einzustellen. Wenn Ihnen das gelingt, sind Sie ihm einen Schritt voraus (Abb. 6.1).

Versuchen Sie vor dem Weiterlesen einmal für sich selbst zu beschreiben, wie die benannten vier *Typen* sich in Verhandlungen verhalten werden, wodurch ihr Gesprächsstil gekennzeichnet ist und wie sie mit Informationen umgehen. Fragen Sie sich: Wie wird sich ein analytischer, sachlicher und eher introvertierter Mensch in der Verhandlung verhalten?

6.3.2 Die verschiedenen Gesprächstypen des Modells

Nachfolgend geben wir Ihnen in Tab. 6.1 eine kurze Beschreibung der benannten Typen. Um im Gespräch zu erkennen, wie Sie Ihr Gesprächsverhalten auf Ihren

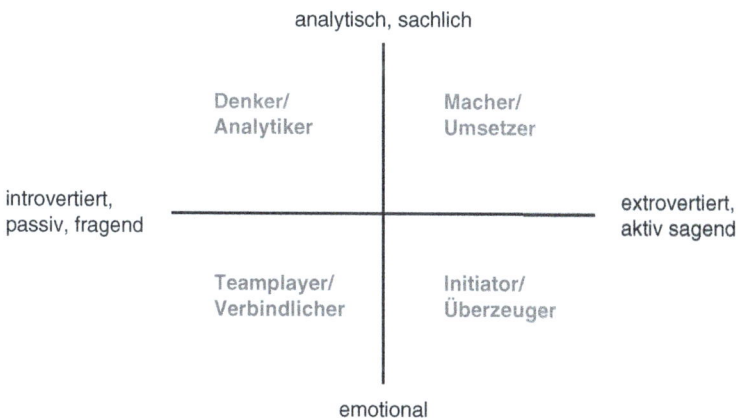

analytisch, sachlich

Denker/   Macher/
Analytiker   Umsetzer

introvertiert,   extrovertiert,
passiv, fragend   aktiv sagend

Teamplayer/   Initiator/
Verbindlicher   Überzeuger

emotional

Abb. 6.1 Dimensionen des Verhaltens

Gesprächspartner einstellen können, müssen Sie gut hinschauen und hinhören, wie Ihr Partner agiert und was er sagt. Dabei wird Ihnen seltener eine Person gegenüber sitzen, die das unten beschriebene Verhalten sozusagen im Reinformat zeigt. Häufiger werden deutliche Tendenzen in die eine oder andere Richtung erkennbar sein. Das heißt, jeder Mensch trägt einen Teil aller Dimensionen in sich, wobei entweder die eine oder die andere Dimension stärker ausgeprägt ist. Je stärker die Wirkung einer Dimension, desto klarer erkennbar ist *typisches Verhalten* – dem Typ entsprechend.

Gespräche mit den unterschiedlichen *Gesprächstypen* werden leichter für Sie sein und Sie werden Ihre Gesprächspartner eher von Ihrer Argumentation überzeugen können, wenn Sie *in ihrer Sprache* sprechen. Stellen Sie sich einmal vor, Sie führen die Verhandlungen mit einem sehr sachlich und introvertiert agierenden Menschen, also mit jemandem, den wir in unserem Modell als *Analytiker* beschreiben würden. Wenn Sie selbst vielleicht jemand sind, den wir als *Macher* beschrieben haben, werden Sie auf schnelle und pragmatische Lösungen drängen. Missverständnisse sind dann vorprogrammiert. Ihr Gesprächspartner wird auf eine genaue und gründliche Analyse der Fakten bestehen und Sie werden ungeduldig, weil Sie die Angelegenheit vom Tisch haben wollen und nicht verstehen, warum man es so *kompliziert* macht. Seien Sie sicher, Ihr Gesprächspartner hat nicht weniger Schwierigkeiten *Ihr* Verhalten zu verstehen.

Um in der insgesamt schon schwierigen Situation derart unnötige Konflikte zu vermeiden, nachfolgend einige wichtige Tipps für die Verhandlungsführung mit den einzelnen *Typen*:

Tab. 6.1 Typenbeschreibung

Thema	Typen
Der Analytiker/Denker	Will das Thema im Detail durchdringen und beweist hierbei Ausdauer; favorisiert Daten, Fakten, Zahlen; argumentiert sachlich und klar; stellt differenzierte Fragen; kommt immer wieder auf den Punkt; lehnt Smalltalk ab; ihm geht es nicht um den Gesprächspartner, sondern um die Sache; sein Schlagwort lautet *Präzision* bis ins Detail
Der Macher/Umsetzer	Ist eher ungeduldig und übernimmt daher schnell die Gesprächsführung; sagt, was zu tun ist; ist offen für Veränderung; konzentriert sich auf das Wesentliche; keine Umschweife, keine Einzelheiten; agiert zielorientiert: will nicht ewig reden, sondern Ziele erreichen; bevorzugt strukturierte Gespräche; ihn interessiert, was herauskommt; sein Schlagwort lautet *Effektivität*
Der Initiator/Überzeuger	Legt Wert auf Akzeptanz und Zuspruch; will von seinen Ideen überzeugen; zeigt Interesse am Gesprächspartner; neigt dazu, den roten Faden zu verlieren; verhandelt gerne; besitzt wenig Ausdauer beim Zuhören; spaltet seine Aufmerksamkeit und Konzentration; neigt zu voreiligen und emotionalen Entscheidungen und Reaktionen; neigt dazu, unstrukturiert, sprunghaft und unsystematisch zu agieren; beansprucht hohe Redeanteile; sein Schlagwort lautet *Enthusiasmus*
Der Teamplayer	Besitzt eine hohe Sensibilität für seinen Gesprächspartner; legt Wert auf eine harmonische Beziehung; argumentiert besonnen und überlegt; kann gut zuhören; will das Gesprächsziel *gemeinsam erreichen*; will für seinen Partner eine gute Lösung; nimmt sich viel Zeit; bevorzugt eine ruhige und entspannte Gesprächsatmosphäre; neigt dazu, offene Konflikte zu meiden; sein Schlagwort lautet *Harmonie*

Der Analytiker/Denker

- persönliche Fragen empfindet er in der Regel als Zeitverschwendung.
- Bevorzugen Sie direkte kurze Sätze und Fragen.
- Stellen Sie ihm analytische und präzise Fragen.
- Vollständige Fakten, Darstellungen, Beweise und Ergebnisse sind ihm wichtig.
- Klare und kurze Argumentationen versteht er am besten.
- Geben Sie dem Gespräch Struktur und Systematik.
- Legen Sie Wert auf eine gute Vorbereitung der Gespräche.
- Äußern Sie Kritik umsichtig und sehr sachlich.
- Fassen Sie erarbeitete Ergebnisse zusammen, um Punkt für Punkt zum Abschluss zu kommen.

Der Macher/Umsetzer

- Er steuert das Gespräch gern selbst und lässt sich die Gesprächsführung ungern aus der Hand nehmen.
- Er ist für Fragen nicht sehr zugänglich: *Nicht reden, sondern handeln*, ist seine Devise. Er bevorzugt Fakten und Daten.
- Fragen sollten Sie direkt, kurz und ohne Umschweife stellen.
- Er verzichtet gern auf Einzelheiten und bevorzugt eine klare Sprache.
- Vermeiden Sie es, ihn in die *Enge* zu treiben, indem Sie ihn unter Druck setzen, ihn antreiben oder nach Gefühlen fragen.
- Agieren Sie selbst sehr strukturiert und zielorientiert.
- Geben Sie ihm ruhig das Gefühl, dass im Wesentlichen er die Entscheidungen trifft.

Der Initiator/Überzeuger

- Sprechen Sie ihn mit Fragen direkt an („Wie möchten Sie ...", „Wie empfinden Sie ...").
- Stellen Sie mehr *Wer-Fragen* als *Was-Fragen* (ihn interessieren Menschen, nicht Sachen).
- Ihre Fragen sollten ihn zu ergebnisorientiertem Handeln führen.
- Geben Sie dem Gespräch Struktur und achten Sie auf ein ergebnisorientiertes Vorgehen. Vorsicht: Lassen Sie sich nicht zu weit vom Gespräch weg führen.
- Führen Sie ihn zum Thema zurück, wenn er abschweift und auf *Nebenkriegsschauplätze* ausweicht.
- Fassen Sie Zwischenergebnisse immer wieder zusammen.
- Halten Sie (Zwischen-)Ergebnisse schriftlich fest.
- Fragen Sie nach seiner Einschätzung.
- Bereiten Sie sich auch auf emotionale Reaktionen von seiner Seite vor, Sie können ihn schnell verärgern.
- Lassen Sie sich von rhetorischer Brillanz und hoher Überzeugungskraft nicht aufs *Glatteis* führen.

Der Teamplayer

- Er wird sich eher für Ihre persönliche Situation interessieren und reagiert womöglich selbst betroffen.
- Sprechen Sie ihn persönlich an.
- Vorsicht: Er kann misstrauisch sein.
- Stellen Sie viele offene Fragen.
- Konflikte sind ihm persönlich unangenehm, daher neigt er dazu, sich bei Ärger und Problemen zurückzuziehen. Vermeiden Sie eine direkte Konfrontation.

- Stellen Sie das Wie und den Menschen und das Wer in den Mittelpunkt der Frage.
- Achten Sie auf seine Gestik und Mimik. (Es besteht die Gefahr, dass er etwas nicht sagt, aber emotional reagiert).
- Plötzliche Ausbrüche durch aufgestauten Ärger sind möglich.

Das dargestellte Modell sollten Sie ruhig auch nutzen, um sich Ihr eigenes Gesprächsverhalten einmal zu verdeutlichen. Wie schätzen Sie sich ein? Welcher Typ beschreibt Ihr Verhalten am besten? Wo erkennen Sie sich selber wieder? Die Selbsteinschätzung hilft Ihnen besser zu verstehen, warum Sie mit dem einen Kollegen sehr gut auch kritische Gespräche führen können und Gespräche mit anderen immer wieder als schwierig erleben. In diesem Fall sind Ihre Gesprächsstile wahrscheinlich zu unterschiedlich. Wenn Sie wissen, wie der Stil Ihres Gesprächspartners ist, können Sie sich eine entsprechende Gesprächsstrategie überlegen und Ihr eigenes Verhalten auf ihn ausrichten. Stimmen Sie sich gedanklich auf die unterschiedlichen Gesprächssituationen und Gesprächspartner ein. Spielen Sie durch, wie Sie sich verhalten wollen und wie Sie Ihrem *typischen Verhalten* gegensteuern werden, wenn es dem Gesprächsverlauf nicht förderlich ist.

6.4 Die eigenen Interessen und Ziele fest im Blick

Bei der Formulierung Ihrer Zielsetzungen für die Verhandlungsgespräche sind Informationen zu den wirtschaftlichen und rechtlichen Rahmenbedingungen, in denen Sie sich bewegen, sowie zur Unternehmenskultur in vergleichbaren Trennungsprozessen für Sie von großer Bedeutung. Die genaue Situationsanalyse ermöglicht es Ihnen, Ihre Forderungen und Zielsetzungen für die Verhandlung realistisch und rechtlich durchsetzbar zu gestalten.

Zitat (Fachmann) B. T.:

> Wenn der ausgewählte Anwalt ein profunder Arbeitsrechtler ist, der auf diesem Gebiet bereits viel Erfahrung hat, d. h. die Vertragsgestaltung schon häufig begleitet hat, kann es von Vorteil sein, wenn der Anwalt in den wesentlichen Punkten realistische Positionen empfiehlt.

Stellen Sie sich die folgenden Fragen und beantworten Sie sie bei Bedarf mit Unterstützung von Experten und Vertrauenspersonen:

- In welcher wirtschaftlichen Situation befindet sich das Unternehmen? Müssen z. B. Arbeitsplätze abgebaut werden?

- Welche Rechte und Pflichten ergeben sich für Sie und für Ihren Arbeitgeber aus Ihrem Arbeitsvertrag, aus Tarifverträgen und Betriebsvereinbarungen oder Sozialplänen?
- Wer sind die Entscheidungsträger bei den Verhandlungen?
- Ist der Gesprächspartner auch der letzte Entscheidungsträger?
- Wie haben sich Entscheidungsträger in der Vergangenheit in vergleichbaren Situationen verhalten? Welche Ziele haben Sie verfolgt?
- Welche Linie verfolgt das Unternehmen in der Regel? Werden Führungskräfte freigestellt oder arbeiten Sie bis zum Ausscheiden weiter? Wird die Strategie einer einvernehmlichen Lösung oder wird die harte Linie mit möglichem Prozessrisiko verfolgt?
- Erfolgt zurzeit Personalabbau in größerem Umfang?
- Sind finanzielle Rahmen für die Höhe von Abfindungen bekannt?
- Existieren Abfindungsregelungen aus Sozialplänen oder anderen Betriebsvereinbarungen?
- Liegt bereits ein Aufhebungsangebot vor? Wie ist das Trennungspaket hinsichtlich arbeitsrechtlicher Regelungen und der eigenen Zielsetzungen zu beurteilen?

Die Einschätzung der Unternehmenssituation gibt Ihnen Hinweise darauf, mit welchen Vorstellungen und Strategien Sie auf der Gegenseite rechnen können. Sie können Ihren eigenen Spielraum bei Ihren Forderungen abwägen und verschiedene Forderungsalternativen erarbeiten.

Daneben ist die Analyse Ihrer persönlichen Situation eine wichtige Grundlage zur Bewertung des Arbeitsplatzverlustes. Sie bildet die Basis für die Verhandlungsziele, die Sie erreichen wollen. So sind Ihre finanziellen Verpflichtungen ein Anhaltspunkt für die Höhe der Abfindungszahlung, die Sie anstreben. Es schließen sich die Fragen an: Wie lange kann ich meinen Lebensunterhalt bestreiten, wenn es mit einer Anschlussbeschäftigung nicht zeitnah klappt? Wie stehen meine Chancen am Arbeitsmarkt, wie schnell werde ich eine adäquate Weiterbeschäftigung finden? Je nach Ihrem Alter, Ihrer Fach- und Branchenspezialisierung oder einer eingeschränkten Mobilität aufgrund Ihres familiären Umfeldes sollten Sie Ihr Augenmerk auf Leistungen des Unternehmens richten, die Sie bei der Suche nach einer neuen Position unterstützen. In diesem Falle werden sich Ihre Verhandlungen stärker ausrichten auf:

- Weiterbeschäftigungsalternativen im Unternehmen oder Unternehmensumfeld
- Wandel einer fristgerechten Kündigung in eine Aufhebungsvereinbarung

- Weiterbildungsmaßnahmen
- Referenzen Ihres derzeitigen Arbeitgebers
- Outplacement-Beratung
- Coaching
- Finanzierung einer Annonce
- Unterstützung durch Kontakte zu anderen Unternehmen
- Unterstützung der Suchaktivitäten durch Freistellung und organisatorische Hilfestellungen (Sekretariat, Nutzung des Internets etc.)
- …

Überlegen Sie im Vorfeld der Verhandlungen, wie Sie die folgenden Bestandteile Ihres Trennungspakets gestalten wollen:

- Höhe der Abfindung
- Austrittstermin und Freistellung
- Welche Sonderzahlungen (Tantiemen, Prämien etc.) müssen Sie berücksichtigen?
- Sind weitere Zuwendungen (Darlehen, Pensionsansprüche) gesichert?
- Wie sind die Regelungen für ein nachvertraglich geltendes Wettbewerbsverbot? Welche Vereinbarungen sind wichtig für Ihre berufliche Zukunft?
- Welche Rechte an Patenten oder anderen Entwicklungen sind zu klären?
- Welche Regelungen zur Nutzung und Übernahme des Dienstwagens streben Sie an?
- Wie möchten Sie Aufgaben- und Projektübergaben etc. regeln?
- Welche Sprachregelung zur Trennung durch das Unternehmen streben Sie gegenüber externen Geschäftspartnern an?
- Wie und durch wen soll das Zwischen- und Endzeugnis erstellt werden? Was sollte es in jedem Fall beinhalten?
- Welche Fristen und Bedenkzeiten brauchen Sie?
- Welchen Zeitpunkt der abschließenden Einigung streben Sie an?

Alle Fragen führen Sie zur Beschreibung Ihrer Ziele für den Einigungsprozess. Entscheidend für das Verhandlungsergebnis wird sein, wie klar Sie Ihre eigenen Interessen und Ziele formulieren und vertreten bzw. vertreten lassen. Halten Sie dafür alle erarbeiteten Punkte immer schriftlich fest. Die Unterlagen werden Ihnen helfen, Ihre Verhandlungsziele auch in schwierigen Gesprächssituationen stets im Blick zu behalten. Sie erleichtern Ihnen das Abwägen bei möglichen Kompromissen. Sie bilden außerdem die Grundlage für das Briefing der von Ihnen zur Unterstützung eingebundenen Personen.

6.4.1 Es gibt immer mehr als eine Lösung: Alternative Lösungen erarbeiten, flexibel verhandeln

Eine wichtige Regel erfolgreichen Verhandelns ist der Grundsatz, sich schon im Vorfeld alternative Lösungsmöglichkeiten zu überlegen. Sie können nicht davon ausgehen, dass alle Ihre Forderungen akzeptiert werden. Also ist es Erfolg versprechender, von Anfang an in alternativen Lösungsmöglichkeiten zu denken. Für den Verlauf der Verhandlungen ist es hilfreich, dass Sie für alle beschriebenen Inhalte Ihre Forderungen formulieren und aufschreiben. Klären Sie Ihre Maximal-Ziele und legen Sie Ihre Mindestforderungen bzw. Minimalziele fest. Vergeben Sie Prioritäten, damit Sie die zentralen Verhandlungspunkte immer fest im Blick behalten. Kennzeichnen Sie die Punkte, die Sie bereit sind für die Durchsetzung Ihrer zentralen Ziele abzuspecken oder zu opfern. Überlegen Sie, welche Alternative B für Sie akzeptabel ist, wenn Alternative A nicht geht. Diese Dokumentation ist Ihr *Storyboard* für die Verhandlungen und gleichzeitig Ihr Kontrollzettel für die Beurteilung der Zielerreichung. Mit fixen Forderungen ohne Alternativen haben Sie nicht nur schnell einen handfesten Konflikt am Verhandlungstisch, Sie werden auch in Ihrer Argumentation nicht flexibel und ausdauernd sein – das ist nicht der Weg erfolgreicher Verhandlungsführer. Kennzeichen guter Verhandlungen sind vielmehr, dass sie nie zum Stillstand kommen, auch wenn die Schritte in Richtung einer gemeinsam getragenen Vereinbarung sehr klein sind. Auch aus diesem Grund ist es sinnvoller, der Gegenseite die Einigung durch Wahlmöglichkeiten zu erleichtern. Mit Ihren unterschiedlichen *Lösungspaketen* (Maximal- und Minimallösungen), erleichtern Sie die Annäherung und verhindern einen Stillstand der Verhandlung.

Nutzen Sie für die Analyse und zur realistischen Festlegung Ihrer Ziele die Unterstützung von Fachleuten und den Austausch mit Freunden. Diese helfen Ihnen, Ihre Forderungen rechtlich abzusichern, präzise Vorschläge sowie Strategien und Argumentationen zu erarbeiten.

Ein weiterer häufiger Fehler in Verhandlungssituationen ist der, dass zu schnell auf eine Lösung hingearbeitet wird. Im Falle eines Trennungsgesprächs können Gründe dafür sein, dass die Situation belastend oder unangenehm ist, weil man schnell fertig werden will oder weil man das Gefühl der *gerade günstigen Gelegenheit* hat. Drucksituationen sind jedoch nur dann sinnvoll, wenn eine der Parteien in der Verhandlungsführung deutlich überlegen ist und die unterlegene Partei später keine Möglichkeit zu einer Retourkutsche hat. Das ist aber nur dann der Fall, wenn beide Seiten sich vertraglich geeinigt und bereits unterschrieben haben. Bis zu diesem Zeitpunkt ist alles offen, von der alle Interessen berücksichtigenden Einigung bis zum Gerichtsprozess. Gute Verhandlungen sind durch die Annäherung der un-

terschiedlichen Standpunkte gekennzeichnet. Bevor Sie vorschnell unterschreiben, bestehen Sie auf Ihr Recht, die Vereinbarung in Ruhe und bei Bedarf mit der Unterstützung eines Experten zu prüfen. Lassen Sie sich nicht unter Druck setzen. Die Gegenseite will schließlich auch etwas von Ihnen.
Zitat (Betroffener) H. O.:

> Und was ich nicht mehr machen würde: Nicht mehr so freundlich sein zur Geschäftsführung und vor allem keine Aufhebungsvereinbarung mehr unterschreiben, bevor nicht alles final geklärt ist, auch der Wortlaut der Presseerklärung. Diese würde ich beim nächsten Mal mit in den Vertrag aufnehmen.

6.4.2 Wenn Profis mehr erreichen: Externe Unterstützung für schwierige Situationen

Mit einer soliden Vorbereitung sind Sie gut gerüstet, mit Ihren Vorschlägen selbst auf Ihre Gesprächspartner zuzugehen. Wie gesagt: Es gilt in allen Verhandlungsphasen abzuwägen, ob und wann Sie die Verhandlungen einem Fachanwalt übergeben. Unter wirtschaftlichen Gesichtspunkten besteht die Gefahr, dass der Anwalt sein Hauptaugenmerk auf die Höhe der Abfindungszahlung richtet, da sich daran auch seine Honorarzahlung orientiert (wenn Sie nicht im Vorfeld ein Zeit- oder Pauschalhonorar vereinbart haben). Umso wichtiger sind klare Vorgaben zu den Verhandlungsergebnissen, die Sie erzielen wollen.
Zitat (Betroffener) P. H.:

> Gut war, klar auf den Punkt zu kommen und rechtlich abgesichert bestimmte Forderungen zu präzisieren, ohne die absolute Schmerzgrenze auszureizen. Ebenso war gut, per eigenem Anwalt den Prozess zu steuern und die ausformulierten Vorschläge selbst auf den Tisch zu legen. Ich würde heute wieder genauso vorgehen.

Zitat (Betroffener) F. K.:

> Wenn es geht, keine Juristen unmittelbar für die Verhandlungen einschalten. Die Gefahr, dass der eigene Jurist und der des Unternehmens in einen juristischen Wettstreit geraten, der unnötig eskaliert, ist gegeben. Es ist aber gut, wenn ein Jurist im Hintergrund berät.

Lassen Sie sich unter keinen Umständen von der Gegenseite unter Druck setzen. Es ist immer der bessere Weg und Ihr gutes Recht, sich, wenn es notwendig scheint, Bedenkzeit auszubitten. Sie entscheiden, ob und wann Sie einen Juristen einschalten und für welche Aufgabe. Seien Sie ehrlich gegenüber sich selbst und schätzen Sie realistisch ein, in welcher physischen und psychischen Verfassung Sie sich befinden und ob Sie sich wohler fühlen, wenn Sie die Verhandlungsführung abgeben können. Beobachten und analysieren Sie auch, wie die Gegenseite agiert, reagiert und mit Ihnen umgeht. Entscheidend ist, dass Sie Ihre Rechte und Ihre Würde wahren und zwar mit jeder Hilfe, die Sie dazu benötigen.

Zitat (Betroffener) B. A.:

> Heute würde ich mich krank melden, wenn ich mich krank fühle: Es war ein Fehler, dass ich arbeiten ging, bis alles aufgearbeitet war. Krank und überarbeitet konnte ich nicht professionell genug mit diesen Provokationen umgehen.

6.4.3   Interessen realisieren, nicht Positionen durchsetzen

Konflikte – und damit genauso Verhandlungen – kann man immer zu unterschiedlichen Lösungen führen. Das angestrebte Ziel und die genutzte Strategie sind dabei wichtige Wegweiser.

Die Abb. 6.2 macht deutlich, welche *Kampfhaltung* beide Parteien einnehmen können. Das beste Ziel ist sicher eine Lösung zu finden, bei der sich beide hinterher noch in die Augen sehen können. Auch wenn Ihnen vielleicht danach zumute ist, *einen kleinen Rachefeldzug* zu führen, fragen Sie sich, ob ein solches Vorgehen wirklich Zufriedenheit bringt.

Zitat (Betroffener) U. G.:

> Eine einvernehmliche Trennung mit dem Gefühl *gut aus der Sache herausgekommen zu sein*, ist besser als ein langer Rechtsstreit mit einem fehlenden Ablösungsprozess.

Eine wichtige Regel der Verhandlungsführung besagt, nicht um Positionen sondern um Interessen verhandeln. Was heißt das? Eine Position ist ein festgezogener Standpunkt – *so und nicht anders*. Wenn Sie und Ihre Verhandlungspartner sich mit Ihren Positionen gegenübertreten, kommt es unweigerlich zum Schlagabtausch, Ihre Positionen sind ja fest und unbeweglich. Es gibt nur Gewinnen und Verlieren, vielleicht noch den Kompromiss. Eine kleine Geschichte macht das sehr deutlich: Jürgen und Klaus betreten zum gleichen Zeitpunkt die Küche. In der Obstschale liegt noch eine Orange. Beide greifen danach. Klaus sagt: „Die Orange gehört mir!" Jürgen antwortet: „Das sehe ich anders, sie steht mir zu, du hattest schon mehr als ich!". Den Dialog können Sie beliebig weiterdenken. Beide tauschen Ihre Positionen aus und kämpfen um die Orange. Um den Konflikt zu beenden einigen sie sich darauf, dass jeder eine halbe Orange bekommt (Kompromiss, jeder hat ein wenig verloren und ein wenig gewonnen). Beide ziehen mit ihrer halben Orange los: Jürgen reibt die Schale ab, weil er Orangenaroma braucht, Klaus presst den Saft aus.

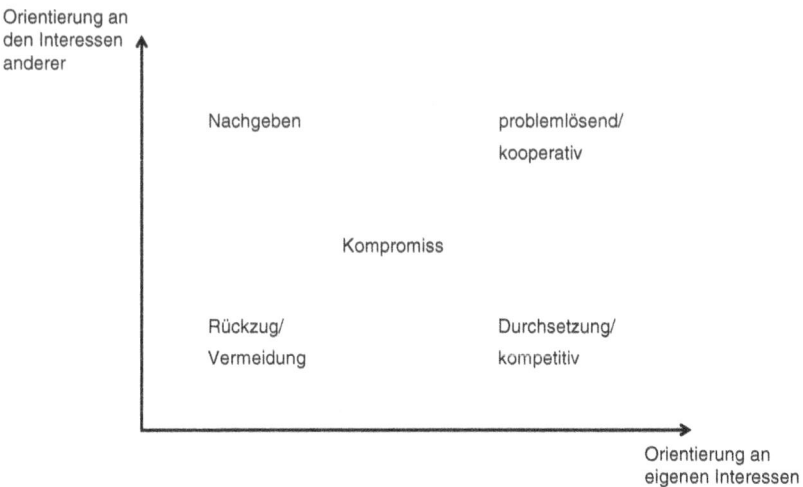

Abb. 6.2 Umgang und Reaktion auf Konflikte

Beide hätten ihr eigentliches Interesse (Saft und Schale) ganz befriedigen können, wenn sie darüber gesprochen hätten. Die Geschichte soll verdeutlichen, dass
wir mit der Verkündung unserer Positionen noch lange nicht unsere Interessen
kommunizieren, uns dies selbst auch gar nicht bewusst ist. Das heißt, wenn Sie
erfolgreich verhandeln wollen, müssen Sie für sich klären, welche Interessen hinter
Ihren Forderungen stehen: Warum bestehen Sie auf einer bestimmten Abfindungssumme? Sie finden, das steht Ihnen für die geleistete Arbeit zu? Sie wollen Ihren
Lebensunterhalt sichern? Sie wollen Ihren Lebensstandard sichern? Sie haben eine größere Investition getätigt und wollen diese absichern? Sie wollen das gleiche
wie andere Kollegen? Was immer es ist, klären Sie die Interessen, die hinter Ihren
Forderungen stehen.

Erst dann sind Sie in der Lage zu überlegen, ob Sie Ihr Ziel nicht auch anders
erreichen können. Fragen Sie: *Was will ich damit erreichen, warum will ich das
erreichen, was ist mein Ziel, was ist der Sinn?*

So wie Sie diese Fragen für sich klären sollten, sollten Sie versuchen, die Interessen Ihres Arbeitgebers herauszubekommen: *Warum will er, dass Sie bis zum
Ende der Vertragslaufzeit im Unternehmen bleiben? Will er Kosten sparen? Will
er Ihr Wissen sichern? Will er, dass Sie jemanden einarbeiten? Will er, dass Sie
Aufgaben/Projekte beenden?*

Finden Sie heraus, was Sie und Ihr Verhandlungspartner erreichen möchten, denn hinter gegensätzlichen Positionen liegen sowohl gemeinsame und ausgleichbare, als auch sich widersprechende Interessen. Ihr Ziel sollte es zunächst sein, einen Ausgleich zu erzielen. Erst wenn Sie die Interessen kennen – Ihre und die Ihres Arbeitgebers – ist eine Verhandlung darüber, wie Sie die Interessen beider Seiten am besten erreichen, möglich. Erst dann können Sie die Verhandlung bei allen Differenzen und Übereinstimmungen zu einer für beide Seiten befriedigenden Lösung führen. Erkennen Sie an, dass sowohl Sie als auch Ihr Gegenüber vielfältige Interessen haben. Auch Ihr Verhandlungspartner hat einen Chef, der ihm seine Interessen übermittelt und verlangt, dass diese im Verlauf der Verhandlung durchgesetzt werden. Des Weiteren vertritt er Unternehmensziele, die er erreichen muss.

Fragen Sie Ihren Verhandlungspartner nach dem *Warum* und verlangen Sie keine Rechtfertigungen. Fragen Sie auch: *Warum nicht?* Erfragen Sie in Verhandlungen zunächst die Interessen der Gegenseite. Gleichen Sie sie mit Ihren eigenen ab. Bei Übereinstimmungen können Sie zustimmen. Hier geht es dann nur noch um das *Wie*. Bei Abweichungen müssen Sie verhandeln. Bauen Sie Ihre Argumentation auf den Interessen und Argumenten der Gegenseite auf. Entwickeln Sie daraus Vorschläge und Lösungen, die in möglichst breitem Umfang den Interessen beider Seiten gerecht werden. Stellen Sie sicher, dass die einzelnen Interessen schriftlich festgehalten werden und in eine Rangfolge gebracht werden. Die Liste kann jederzeit ergänzt werden.

6.4.4 Die eigene Verhandlungsstrategie entwickeln

Die Suche nach den Interessen, die verwirklicht werden sollen, gilt auch für Ihre Strategie. Klären Sie zunächst für sich selbst, welche Strategie Sie verfolgen möchten. Sie haben drei Alternativen, die je nach Verlauf der Verhandlungen auch in Kombination zum Ziel führen können:

- Sie verhandeln selbst und streben eine einvernehmliche Lösung an
- Sie lassen Ihren Anwalt mit dem Ziel einer einvernehmlichen Lösung verhandeln
- Sie wählen den Weg einer Klage

Betrachten Sie nun die Situation mit den Augen des Gegenübers:

- Welche Zielsetzungen verfolgt er?
- Welcher Lösungsweg bringt ihm den größten Nutzen, sucht er z. B. eine schnelle einvernehmliche Lösung?

- Stehen wirtschaftliche Faktoren im Vordergrund, wird er die Kosten optimieren wollen?
- Wie wichtig ist es ihm, dass wenig *Staub aufgewirbelt wird*?
- Muss er beachten, dass es sich bei der mit Ihnen getroffenen Vereinbarung um einen Präzedenzfall handelt, der auf andere Verhandlungen ausstrahlt?
- Wie ist er oder das Unternehmen in vergleichbaren Situationen vorgegangen?

Zitat (Betroffener) H. E.:

> Das *Plazet* des obersten Chefs zur Trennung von dieser Mitarbeiterin kam nach einem erneuten Vorfall von schwerwiegendem Mobbing und gesundheitlichen Negativfolgen. Eine besondere Rolle spielten Personalabteilung und Rechtsabteilung. Die Hinzuziehung eines *Staranwaltes* seitens der Mitarbeiterin zeigte offenbar große Wirkung – ich persönlich hätte keinen Pfennig (damals) an Abfindung gezahlt; das Unternehmen war aber an einer ruhigen und diskreten *Lösung* interessiert und zahlte eine 6-stellige Abfindungssumme.

Die Wahl Ihrer Strategie wird maßgeblich von zwei Faktoren abhängen:

1. Zum einen von der Beziehung zu den Verhandlungspartnern: Wie schätzen Sie sie ein: neutral, positiv oder negativ? Ist es eine rein arbeitsbezogene Beziehung oder besteht eine persönliche Beziehung? Inwieweit ist sie geprägt von Abhängigkeiten und welche sind das? Herrscht zwischen Ihnen eine freie oder unfreie Kommunikation? Wie wichtig ist Ihnen die Beziehung zum Verhandlungspartner?
2. Zum anderen vom angestrebten Verhandlungsergebnis: Wie wichtig ist es Ihnen Ihr Maximal-Ziel zu erreichen, wollen Sie alle Punkte erreichen, wollen Sie dies auch auf Kosten der Beziehung zum Gesprächspartner?

Schwierig ist die Situation, wenn Sie eine persönliche Beziehung zu demjenigen haben, der von Arbeitgeberseite beauftragt ist, die Verhandlungen mit Ihnen zu führen. Auch bei den besten Absichten ist es natürlich sehr schwer, die persönliche Beziehung aus den Verhandlungen herauszuhalten, gerade dann, wenn die Verhandlungen kritisch werden.

6.4.5   Strategien in Handlungen umsetzen

Strategie 1   Sie suchen und finden für beide Parteien nutzbringende Lösungen, weil Sie davon ausgehen, dass die Kooperation mit Ihren Verhandlungspartnern möglich ist und Sie diese Vorgehensweise Ihren Zielen sehr nah bringen wird. Sie streben in diesem Falle eine einvernehmliche Lösung ohne Eskalation an (Kooperationsstrategie oder Win-Win-Lösung).

In den Verhandlungen wird sich Ihre Argumentation darauf konzentrieren, die Gemeinsamkeiten bei den Lösungsvorschlägen und den Nutzen für die Gegenseite herauszustellen. Ihre Fähigkeit abzuwägen und Ihre Bereitschaft einzulenken oder bei der einen oder anderen Verhandlungsposition nachzugeben, wird gefordert sein.

Strategie 2 Zitat (Betroffener) H. O.:

> Die Strategie war simpel: Sie als Arbeitgeber wollen mich loswerden und das möglichst ohne Nebengeräusche. Also müssen Sie als Arbeitgeber bezahlen. Und damit ich nicht *unter Absingen schmutziger Lieder* aus dem Haus marschiere, müssen Sie als Arbeitgeber mehr zahlen, als mir bis zum Ende meines Vertrages eigentlich zusteht, denn das bekäme ich ja ohnehin.
> Dabei habe ich keine Summen genannt, sondern dies dem Geschäftsführer überlassen. Letztlich habe ich ca. 15 % mehr bekommen, als mir bei Erfüllung des Vertrages zugekommen wäre.

Sie bevorzugen die Konkurrenzstrategie, da Sie die Maximierung Ihres eigenen Nutzens in den Vordergrund stellen. Die Beziehung zu Ihren Verhandlungspartnern ist Ihnen nicht so wichtig bzw. Sie schätzen sie als eher negativ und nicht kooperativ ein. In diesem Falle sollten Sie bald einen Fachanwalt hinzuziehen und die Möglichkeit einer gerichtlichen Entscheidung in Ihre Strategie einbeziehen.

Wägen Sie die Chancen und Risiken genau ab. Vor Gericht wird entweder eine einvernehmliche Lösung erreicht oder ein Urteil gesprochen, jedoch ohne Garantie dafür, dass das Ergebnis Ihren Zielvorstellungen entspricht. Beide Parteien werden Ihre Standpunkte vertreten, um zu gewinnen. Der Richter muss in Abwägung aller vorgetragenen Sachverhalte entscheiden.

Ist erkennbar, dass Ihre Gesprächspartner nicht oder nur in geringem Maße bereit sind, auf Ihre Vorschläge einzugehen, gilt es die Einschätzung eines erfahrenen Fachanwaltes einzuholen. Er wird Sie beraten, ob vor Gericht ein besseres Ergebnis zu erzielen ist und welche Konsequenzen damit für Sie verbunden sind.

6.4.6 In der Sache hart, zu den Menschen anständig

Streben Sie eine gemeinsame und für beide Seiten beste Lösung an, werden Sie Konflikte, die auf der persönlichen Ebene ausgetragen werden, eher meiden wollen. Dabei kann Ihnen eine weitere wichtige Regel zur Verhandlungstechnik helfen: Trennen Sie handelnde Menschen und sachliche Probleme voneinander – vermischen Sie diese beiden Aspekte nicht!

Aus Ihrem eigenen Handeln als Führungskraft werden Sie wissen, dass Sie häufiger Dinge vertreten mussten, die Unternehmensinteressen waren, aber nichts mit Ihren persönlichen Interessen oder Meinungen zu tun hatten. Sie mussten Inhalte vertreten, hinter denen Sie persönlich nicht standen. Was Sie taten und sagten, hatte in bestimmten Situationen mit Ihnen persönlich, mit Ihren Meinungen und Ansichten nicht viel zu tun. Auch in Trennungsgesprächen sitzen Sie Unternehmensvertretern gegenüber. Vielleicht haben Sie bisher eine gute Arbeitsbeziehung mit ihnen unterhalten. Mit der Kündigung ist Ihr Gesprächspartner in eine andere Rolle geschlüpft. Ob er in den Gesprächen seine eigenen Ansichten vertritt oder sich bei dem von ihm erwarteten Handeln sogar unwohl fühlt, wissen Sie nicht.

Das heißt, auch hier müssen die Person und die Meinungen und Ziele, die Sie in Ihrer Rolle vertreten, nicht unbedingt etwas miteinander zu tun haben. Vermischen Sie Rollen, Probleme und Personen, laufen Sie Gefahr, emotional unangemessen zu reagieren und selbst verletzbar zu werden. Die Wahrung einer sachlichen Haltung verlangt Ihnen in dieser schwierigen Situation einiges ab. Sie erhöht Ihre Chancen, ein bestmögliches Verhandlungsergebnis zu erzielen, jedoch deutlich. Versuchen Sie für sich selbst, sowohl die Rolle, in der Sie handeln, als auch die Rolle Ihres Gegenübers zu klären und das Problem nicht der Person als Mensch zuzuschieben. Nur so ist ein gewisses Verständnis für Ihr Gegenüber und die Gestaltung einer emotional kontrollierten Verhandlungsführung überhaupt erst möglich. Darüber hinaus können Sie mit dieser Haltung und Einstellung Ansatzpunkte für Win-Win-Lösungen und Einigungen schneller wahrnehmen.

Betrachten Sie das Problem und die Lösungsfindung als gemeinsame Aufgabe. Auch dann, wenn Sie den Anderen eventuell nicht mögen. Artikulieren Sie das Problem exakt und benennen Sie die gemeinsamen Interessen einer Lösung.

Gerade in Trennungssituationen ist es für das Verhandlungsergebnis wichtig, dass eine längerfristige Akzeptanz gegeben ist und es zu einer abschließenden, gemeinsam getragenen Vereinbarung kommt. Für Sie persönlich kann es sehr hilfreich sein, gerade bei diesen schwierigen Verhandlungen, schon frühzeitig objektive Entscheidungskriterien zu definieren, an denen Sie messen können, ob die Entscheidungen Ihre Ziele und Interessen erfüllen. Damit vermeiden Sie, später das Gefühl zu haben, ungerecht behandelt oder über den Tisch gezogen worden zu sein. Die Kriterien dürfen aber nicht nur Ihren persönlichen Interessen dienen. Sie sollten vielmehr fair, neutral und unabhängig vom Willen beider Parteien sein. Sie können sich u. a. auf folgende Ausprägungen beziehen:

- Kosten
- Moralische Aspekte
- Vergleichsfälle

• Kriterien von Experten/Sachverständigen
• Gleichbehandlung

6.5 Verhandlungen zum Erfolg führen

Abgesehen von der Definition Ihrer Ziele und der Wahl Ihrer Verhandlungsstrategie ist für die eigentliche *Gesprächsführung* ebenfalls eine gute Vorbereitung notwendig. Sie sollten im Vorfeld klären, wer die Verhandlung leitet, um sich besser auf den Gesprächspartner einstellen zu können. Stellen Sie sich die Frage, mit welchen Funktionen und Rechten der Verhandlungsführer ausgestattet ist, vor wem er das Ergebnis vertreten muss, inwieweit er Entscheidungskompetenzen hat und welchen Einfluss er an anderer Stelle auf den Verlauf von Trennungsgesprächen hat.

Des Weiteren ist es ratsam, dass Sie Ihre wichtigsten Argumente und die möglichen Einwände der Gegenseite vorher durchspielen und sich Lösungsvorschläge notieren. Überlegen Sie, welche Reihenfolge für die Besprechung Ihrer Verhandlungspunkte sinnvoll ist. Stellen Sie sich auf unerwartete Situationen und Vorschläge ein, indem Sie sich Argumente notieren. Da Sie natürlich nicht alles vorhersehen können, denken Sie hier an den Grundsatz: Sie müssen im Gespräch nichts unterschreiben oder entscheiden, wenn Sie sich nicht sicher sind. Denken Sie immer an Ihr Recht, beratende Unterstützung einzuholen und sich Bedenkzeit auszubitten. Überlegen Sie im Vorfeld, wann Sie wen hinzuziehen wollen.

6.5.1 *Spielregeln* des Gesprächs am Anfang klären

Beginnen Sie keine Verhandlung, ohne Zielsetzung, Inhalte und Vorgehensweise des Gesprächs mit Ihrem Gesprächspartner zu definieren. Verlangen Sie von Ihrem Partner Aussagen zu seiner Zielsetzung. Er wird unter Umständen aus taktischen Gründen nicht alles preisgeben, insofern sind klärende Fragen von Ihrer Seite von großer Bedeutung. Erhalten Sie keine befriedigende Antwort, scheuen Sie sich nicht, nachzufragen oder durch Wiederholung und Zusammenfassen das Gehörte zu konkretisieren. Dieses Vorgehen ist wichtig, um sicherzustellen, dass Sie die Ausführungen Ihres Verhandlungspartners richtig verstanden haben. Aus ganz alltäglichen Gesprächssituationen wissen wir, wie schnell es zu Missverständnissen kommt. In kritischen Situationen und bei hoher emotionaler Betroffenheit ist die Gefahr von Missverständnissen um ein Vielfaches höher. Wir hören häufig nur noch durch unsere eng geschalteten *Filter* und verstehen nur das, was wir verstehen wollen. Nur die Zusammenfassung, die Bestätigung dieser durch den Gesprächspartner und die schriftliche Fixierung von Vereinbarungen und Absprachen können hier Schutz bieten und vor unnötigen Eskalationen schützen. Um die Struktur und die Inhalte der Verhandlung für alle sichtbar zu machen, schreiben Sie sie nach der Absprache kurz auf ein Flip-Chart oder auf ein Blatt Papier, welches Sie in die Mitte des Tisches legen. So kann jeder zu jeder Zeit darauf zurückgreifen und die Partner bei eventuellem Abschweifen wieder zur Zielsetzung des Gesprächs zurückführen.

6.5.2 Nicht nur auf die Worte hören: Informationen in der nonverbalen Kommunikation

Beobachten Sie die verbalen und nonverbalen Signale Ihres Partners. Oft zeigt Ihr Gesprächspartner nonverbale Reaktionen, die Sie unbedingt beachten sollten. Bei welchen Verhandlungspunkten wirkt er möglicherweise unsicher oder angespannt? An welcher Stelle ist er in den Ausführungen nicht klar und deutlich?

Wir kommunizieren unser psychisches Befinden, unsere Anspannung und Entspannung durch Mimik (Blick, Verziehen des Gesichts, Mund lächelnd oder verspannt etc.), Stimme und Sprache (höher, schneller, gepresst, Versprecher etc.) Gestik (vermehrte Gestik, deutlich zurückgenommene Gestik, Verlegenheitsgesten) und zum Teil über unsere Haut (rote Flecken, Schwitzen etc.). Schauen Sie gut hin und beachten Sie die Informationen und Signale, die Sie auf nonverbaler Ebene erhalten. Hieraus können Sie Anhaltspunkte ableiten, in welchen Punkten Ihr Gesprächspartner verunsichert, verhandlungsbereit oder nicht, verärgert oder erleichtert ist.

Demonstrieren Sie selbst, dass Sie aufmerksam und selbstbewusst sind. Sie haben keinen Grund, sich zu verstecken oder den Kopf einzuziehen. Schauen Sie Ihren Gesprächspartner an, halten Sie einen ruhigen Blickkontakt, sitzen Sie aufrecht. Betrachten Sie selbst unfaire Aktionen des Partners nicht als Angriff, sondern als das, was sie sind: eine nützliche, wertvolle Information. Gleiches mit Gleichem zu vergelten, spricht nie für die Stärke und das Selbstbewusstsein eines Verhandlungspartners. Auf dieses Niveau müssen Sie sich zum Schutz Ihrer Person nicht begeben.

6.5.3 Fragen und Argumentieren

Wenn Sie etwas über die Interessen und Motive Ihres Gesprächspartners erfahren wollen, müssen Sie fragen. Das hört sich einfach an. Sie können aber davon ausgehen, dass fragen deutlich schwieriger ist als reden. Dafür aber auch viel sinnvoller. Nur so

- erfahren Sie, was Ihr Gesprächspartner denkt, was er erreichen will und welche Interessen er verfolgt,
- erhalten Sie wichtige Informationen für Ihre eigene Argumentation,
- vermeiden Sie, sich mit den eigenen Argumenten vorschnell *aus dem Fenster zu lehnen* oder sich *um Kopf und Kragen* zu reden,
- gewinnen Sie Zeit, um zwischendurch nachzudenken,
- können Sie das Gespräch unauffällig und ohne Druck steuern,
- erhalten oder gewinnen Sie die Wertschätzung oder Sympathie Ihres Gesprächspartners einfach deshalb, weil sich die meisten Menschen am liebsten selber reden hören.

Wenn Sie fragen, müssen Sie auch zuhören, das eine geht nicht ohne das andere. Notieren Sie die Aussagen Ihres Gesprächspartners. Wichtig für Ihre Argumentation sind insbesondere die Motive, die Ihr Partner erkennen lässt: „Sie haben vorhin angeführt, dass . . ." oder „Genau aus diesem Grund bin ich der Meinung dass, . . .". Spricht Ihr Verhandlungspartner beispielsweise den Kostendruck als Trennungsgrund an, sind die Argumente besonders wichtig, die darstellen, dass zum Beispiel eine einvernehmliche Lösung ohne Gerichtsverfahren kostengünstiger ist.

Ihre Argumente sollten Ihrem Gesprächspartner einen Nutzen bieten. Nur weil Sie vielleicht Recht haben, bekommen Sie es nicht unbedingt zugesprochen. Wie im Verkaufsgespräch ist der Nutzen für die andere Seite Ihr Überzeugungsargument. Auch wenn es um Ihre berufliche Zukunft geht, bedenken Sie immer: Ihr Gesprächspartner braucht gute Argumente, um an anderer Stelle zu vertreten, wie er Ihr Trennungspaket geschnürt hat. Geben Sie ihm also viele gute Gründe, warum Ihre Vorschläge seine Zielerreichung unterstützen.

Zitat (Betroffener) F. K.:

> Die Ziele, die mit einer Abfindung erreicht werden sollten, waren vor allem:
> a) eine faire Lösung,
> b) eine schnelle Lösung
> c) eine überzeugende Lösung, so dass lange Diskussionen mit externen Rechtsanwälten und Verbänden vermieden werden konnten.

Bringt Ihr Gesprächspartner ein Angebot mit, halten Sie die wichtigen Inhalte des vorgestellten Angebotes schriftlich fest. Bevor Sie Ihre Vorschläge unterbreiten, fassen Sie das Gehörte noch einmal zusammen. Die Zusammenfassung bietet Ihnen einen guten Einstieg, da Sie mit den Punkten starten können, bei denen Einigkeit besteht. Sprechen Sie zunächst die vom Partner formulierte positive Ebene an und springen Sie nicht gleich auf das Negative an. Halten Sie Gemeinsamkeiten fest und untermauern Sie die gemeinsame Ebene mit einer Bestätigungsfrage. Gehen Sie nun Punkt für Punkt die Zielsetzungen durch, die Sie im Vorfeld erarbeitet haben und gleichen Sie sie mit dem Angebot der Gegenseite ab. Beobachten Sie auch jetzt genau, wie Ihr Gegenüber auf Ihre Fragen und Argumente reagiert und greifen Sie diese Reaktionen auf. Schaut Ihr Gesprächspartner zum Beispiel skeptisch, melden Sie ihm dies zurück. Bestätigt er Ihren Eindruck, dann fragen Sie nach, um zu erfahren, was ihn skeptisch macht. Seinen Einwänden begegnen Sie am besten, wenn Sie ihm wiederum seinen Nutzen vor Augen führen, wenn er sich Ihren Argumenten annähert. Ein Beispiel: Sie fordern eine höhere Abfindungssumme als das Unternehmen zu zahlen bereit ist. Fragen Sie nach, auf welcher Basis die angebotene Summe errechnet wurde und zeigen Sie auf, welche Zusatz-Kosten entstehen können, wenn sich die Einigung um beispielsweise 6 Monate verschiebt (es gibt nicht selten Fälle, in denen Gerichtsverfahren deutlich länger anhängig sind). Bis dahin läuft Ihr Gehalt weiter, Kosten für Anwälte, eventuelle Gerichtskosten und Kosten für die Arbeitszeit zur Vorbereitung und Durchführung aller notwendigen Maßnahmen schlagen zu Buche. Rechnen Sie das vor dem Gespräch durch, dann haben Sie die notwendigen Zahlen parat.

6.5.4 Richtig verhalten in schwierigen Gesprächssituationen

Betrachten wir zwei typische Situationen:

Situation 1 Das Unternehmen strebt eine Einigung mit Ihnen an und hat das erste Gespräch initiiert.

Nehmen Sie zunächst die Rolle des *Entgegennehmenden* ein. In diesem Falle ist es sinnvoll, sich auf das Zuhören und Nachfragen zu konzentrieren. Die Devise ist: Im richtigen Moment zu schweigen und im nächsten durch gezielte Fragetechnik zu konkretisieren. Nur durch Fragen und Zuhören werden Sie die Ziele und Motive Ihres Verhandlungspartners genauer kennen lernen und können Ihre Gesprächsstrategie darauf ausrichten.

Situation 2 Sie haben Ihre Verhandlungspunkte definiert und gehen auf das Unternehmen zu, um eine Einigung zu erreichen.

Stellen Sie Ihre Forderungen vor und arbeiten Sie den Nutzen heraus, den Ihr Gesprächspartner hat, wenn er mit Ihnen gemeinsam an einer Einigung arbeitet. Nehmen Sie sehr genau auf, wie er verbal und nonverbal reagiert und spiegeln

Sie Ihre Wahrnehmung. Lehnt er bestimmte Punkte ab, fragen Sie nach seinen Gründen. Bieten Sie ihm Alternativlösungen an und bringen Sie Ihre Wunschliste ins Spiel. Auf ihr stehen all Ihre Forderungen. Geben Sie in einem Punkt nach, dann legen Sie mit Ersatzforderungen nach: „Gut, hier bin ich bereit nachzugeben (aber nach meinen Regeln!), erwarte aber, dass dafür meine Bedingung x erfüllt wird." Sie steuern das Gespräch durch Fragen und überlegte Argumentation.

Grundsätzlich gilt bei allen Gesprächen und Verhandlungen

- Reden Sie in kurzen Sätzen. Ihr Partner folgt nur Sätzen, die nicht mehr als zwölf Wörter umfassen.
- Fragen Sie mehr und argumentieren Sie weniger.
- Halten Sie keine Monologe, man redet sich schnell um Kopf und Kragen. Darüber hinaus sollten Sie der Gegenseite keine Argumente liefern.
- Nennen Sie immer nur ein Argument pro Aussage und heben Sie die anderen für die weitere Diskussion auf. Es ist mehr als schädlich, alle Argumente auf einmal einzubringen. Kommt es zur Diskussion geht Ihnen schnell die Luft aus und Sie können sich nur noch wiederholen. Das ist keine überzeugende Strategie.
- Überprüfen Sie, ob Ihre Aktion wirklich weiter führt, bevor Sie etwas sagen, und kontrollieren Sie Ihr eigenes Verhalten, vor allem Ihre Emotionen.

6.6   Was tun, wenn keine Einigung in Sicht ist?

Zitat eines Fachmanns: F. K., Personalleiter

> Es macht keinen Sinn in einer Situation zu verharren, in der man nicht erwünscht ist. Lieber ein Ende mit Schrecken als ein Schrecken ohne Ende. Achten Sie darauf, dass Sie in diesem Prozess keinen Schaden an Ihrer Ehre und Integrität nehmen.

In festgefahrenen Situationen ist eine wirklich konstruktive Zusammenarbeit oft nur sehr schwer zu erreichen. Es kommt schnell zu großen *Abschweifungen* oder gegenseitigen Angriffen. In diesem Fall ist es ratsam, an diesem Punkt die weitere Verhandlungsführung an einen Fachanwalt zu übergeben. Eine zweite Möglichkeit ist der Versuch, einen kleinen Umweg zu gehen. Finden Sie über die Hauptpunkte keine Einigung, versuchen Sie Randthemen (*Nebenkriegsschauplätze*) zu finden, für die Einigungsfähigkeit besteht. Dies können Ziele sein, denen sich alle Verhandlungspartner verpflichtet fühlen. Haben Sie schließlich ein Randthema gefunden, zu dem eine Einigung möglich ist, sollten Sie versuchen, den Bogen wieder zurück zum Hauptthema zu schlagen. Dabei können Ihnen übergeordnete Gesetze, Regeln, Handlungsanweisungen oder auch die betriebliche Übung dienlich sein, denn aus

Ihnen kann in der Vielzahl der Fälle wiederum ein gemeinsames Vorgehen in der Hauptsache entwickelt werden.

• Versetzen Sie sich in die Lage der Anderen und versuchen Sie, diese zu verstehen. Dabei soll verstehen nicht heißen, dass Sie mit den Aussagen oder Vorschlägen einverstanden sind und sie akzeptieren.
• Artikulieren Sie Ihre Emotionen bzw. Befürchtungen und erkennen Sie deren Berechtigung an. Wenn Sie Ihre unausgesprochenen Emotionen aussprechen, wenden Sie sich wieder leichter der Problemlösung zu. Sie sind so in der Lage, zu agieren anstatt zu reagieren. Hüten Sie sich davor, die Absichten der Anderen aus Ihren eigenen Befürchtungen abzuleiten, das ist in einer angespannten und emotional fordernden Verhandlungssituation keine einfache Aufgabe.
• Gestatten Sie es der Gegenseite ruhig Dampf abzulassen und reagieren Sie nicht auf emotionale Ausbrüche. Ihre Gesprächspartner sind möglicherweise das erste Mal in einem Trennungsgespräch oder müssen aus unternehmerischer Sicht Argumente vertreten, die ihren persönlichen Wertvorstellungen widersprechen.

Zitat eines Fachmanns: F. K., Personalleiter

Wenn klar ist, dass der Boden für eine weitere Zusammenarbeit nicht mehr da ist, versuchen Sie sich auf keinen Fall mehr in Detailargumenten zu verlieren und gegenseitig zu verletzten, bloß zu stellen oder Schlachten zu schlagen. Vermeiden Sie kleinkarierte Aufhebungsvereinbarungen.

6.6.1   Wenn es zu Konflikten kommt

Trotz aller Bemühungen um Vernunft und Sachlichkeit kann die Verhandlungssituation eskalieren. Solange verhandelt wird, liegt noch kein Konflikt vor, eine Lösungsfindung steht noch aus. Findet sich nach langem Hin und Her aber immer noch keine Lösung, wird die Situation aufgrund von Handlungs- oder Leistungsdruck bei mindestens einem der Beteiligten emotional, dann ist der Konflikt da. Jetzt geht es nicht mehr nur um die Verhandlung der Trennung, sondern um Konfliktklärung, eine deutliche Verschärfung der Situation.

Um den entstanden Konflikt im Gespräch zu lösen, muss zunächst einmal geklärt werden, wie und warum es dazu gekommen ist. Die Konfliktanalyse geht dem eigentlichen Lösungsprozess voraus und dient dazu, dass alle strittigen Punkte zur Sprache kommen. Theoretisch kann in einem Konflikt alles zu einem Streitpunkt werden. Streitpunkte und Ursachen vermischen sich in den Augen der Parteien immer wieder und immer mehr. Es wird schließlich nicht mehr rational und sachlich argumentiert. Scheuen Sie sich nicht, einen neutralen Moderator oder

Mediator hinzuziehen, die Gefahr der Eskalation ist zu groß. Der Moderator unterstützt den Analyse- und Klärungsprozess. Er trägt Sorge dafür, dass die strittigen Punkte von Ihnen selbst und von Ihren Verhandlungspartnern benannt werden und eine gemeinsame Problemdefinition erfolgt. Liegen die Konfliktpunkte offen auf dem Tisch, lassen sich mögliche gemeinsame Ziele und Interessen der Konfliktbeteiligten finden, an denen gearbeitet werden kann.

Ein Moderator als neutrale Instanz ist in jedem Fall dann beizuziehen, wenn der Konflikt bereits stark festgefahren und die Fronten so verhärtet sind, dass die Beteiligten sich nur widerwillig an einen gemeinsamen Tisch setzen. Der Moderator sollte eine Vertrauensperson sein, auf die Sie sich geeinigt haben.

Bei der Konfliktanalyse können Sie sich an folgenden Fragen orientieren:

- An welchem Punkt ist der Konflikt ausgebrochen?
- Beziehen sich die Streitpunkte auf persönliche Ansichten, Personen oder auf objektive Sachverhalte?
- Was ist der *springende Punkt*, auf den Sie sich und Ihre Verhandlungspartner versteifen?
- Könnte der Konflikt aus einem anderen Bereich hierher verschoben worden sein?
- Wie erleben Sie persönlich die Streitpunkte? Wie wichtig sind Ihnen diese Punkte?
- Wie sehen Ihre Verhandlungspartner die Punkte?
- Was ärgert und stört Sie, was Ihre Verhandlungspartner?

Auch für die Lösung der definierten Probleme sollten Sie die Begleitung durch den Moderator beibehalten. Als neutrale Instanz schützt er alle Beteiligten vor erneuten Regelverstößen und achtet auf sachliches und zielorientiertes Arbeiten. Darüber hinaus gewährleistet er, dass die erzielte Lösung/der Konsens in Form einer Tätigkeitsliste oder eines Verhaltensvertrags schriftlich fixiert oder direkt in den Abwicklungs- oder Aufhebungsvertrag übernommen wird.

6.7 Das Erreichte sichern

Für die gesamte Vorbereitung und den Verlauf der Verhandlungen gilt immer:
Halten Sie alles schriftlich fest.
Für die Analyse und Ermittlung Ihrer Verhandlungsziele sind Checklisten mit Fragen und zu klärenden Punkten eine Hilfe.

Wichtig ist zudem, die Ergebnisse Ihrer Recherche und Beratung festzuhalten und aus den Ergebnissen Maßnahmen und Zielsetzungen abzuleiten, die Sie dann für sich gewichten können.

Für die Vorbereitung der Verhandlungsgespräche versehen Sie die ermittelten Maßnahmen und Ziele mit Ihren Maximal- und Mindestforderungen und den für Sie alternativen Lösungswegen. Vergeben Sie Prioritäten für die Wichtigkeit der Zielerreichung.

Zur besseren Übersicht ist es zu empfehlen, die Ergebnisse tabellarisch festzuhalten. Abschließend können Sie in einer Spalte *Verhandlungsergebnis* notieren, welche Ergebnisse und vereinbarten Maßnahmen Sie im Gespräch erreicht haben und welche weiteren Schritte Sie gehen möchten.

Diese Notizen bilden die Grundlage für die Gesprächsprotokolle, die Sie nach jeder Verhandlung erstellen und an Ihren Verhandlungspartner weiterleiten. Auf dieser Basis wird das gesamte *Trennungspaket* geschnürt und in einen entsprechenden Abwicklungs- oder Aufhebungsvertrag übernommen.

Dann legen Sie sich eine Übersicht zu Einwänden und Widerständen an. Überlegen Sie, welche Ursachen diese Widerstände haben könnten und leiten Sie daraus Gegenargumente und Handlungsmöglichkeiten ab (z. B. Anwalt einschalten).

Die Dokumentation der Ergebnisse ermöglicht es Ihnen in jedem Stadium der Verhandlungen zu überprüfen, inwieweit Sie oder Ihr Anwalt die Ziele erreicht haben. Sie ist also Motivations-, Steuerungs- und Kontrollinstrument in einem! Darüber hinaus hilft sie Ihnen den Überblick darüber zu behalten, wann mit wem welches Gespräch mit welchem Ergebnis geführt wurde.

Der Weg in die Zukunft: Frühzeitig die richtigen Kontakte knüpfen

7

Zusammenfassung

Jetzt geht es los: Wie finde ich eine neue Position und wohin soll die Reise gehen?

Wir schauen uns in diesem Kapitel an, wie Ihnen Ihr persönliches Netzwerk jetzt weiterhelfen kann. Es kann Ihnen viele Informationen über Unternehmen liefern oder – im besten Falle – Kontakte zu einer neuen Position ermöglichen. Was Personalberater/Headhunter jetzt für Sie tun können und wie die Zusammenarbeit funktioniert, stellen wir Ihnen hier ebenfalls vor. Weitere Optionen, wie ein eigenes Stellengesuch, z. B. auf etablierten Jobbörsen im Internet, beziehen wir mit ein. Auch eine Outplacement-Beratung ist eine sinnvolle Karriereunterstützung! Was Outplacement bedeutet, wie sie funktioniert oder auch, wie man den richtigen Outplacementberater für sich findet, möchten wir Ihnen vorstellen.

In der Mehrzahl der Fälle stellt sich die drängende Frage: *Wie und wo finde ich eine neue, adäquate Position?* Der Anspruch ist meist, mindestens eine vergleichbare, am besten aber eine bessere Position hinsichtlich der Aufgaben, Verantwortung und Vergütung zu finden – wer will schon *rückwärts* gehen. Eine weitere Schwierigkeit besteht häufig in der Frage: *Wie fange ich es an, wo erhalte ich welche Unterstützung?*

Gerade, wenn Sie lange in der letzten Position oder in einem Unternehmen waren, fehlt es hier einfach an Erfahrung, von Routine ganz zu schweigen. Mangelnde oder fehlende Erfahrung führt erst einmal zu Verunsicherung, die ein zeitadäquates und konstruktives Handeln behindern kann.

1. Bewerbungssituationen sind nicht alltäglich und aufgrund der damit verbundenen Chancen und Risiken, aber auch aufgrund der damit verbundenen Anforderung *sich verkaufen zu müssen* für fast alle Menschen mit gewissem Unbehagen besetzt.

M. Lorenz, U. Rohrschneider, *Neuorientierung für Führungskräfte*,
DOI 10.1007/978-3-658-05142-6_7, © Springer Fachmedien Wiesbaden 2014

2. Die Effizienz von Unterstützungsangeboten lässt sich erst beurteilen, wenn man sie genutzt hat – nutzen Sie möglichst viele.

7.1 Jetzt bekommt Ihr persönliches Netzwerk eine neue Bedeutung

Man trifft sich immer zweimal – und deswegen ist es gut, wenn Sie gerade in dieser Situation über viele Kontakte verfügen und auf ein weit gespanntes Netzwerk zurückgreifen können.

Wichtig sind gute geschäftliche Kontakte und der Freundeskreis.

Vor allem Freunde, die Sie aufgrund ihrer eigenen Position oder anhand Ihrer eigenen Kontakte unterstützen, sind jetzt wichtig. Es gibt in der Regel immer jemanden, der noch jemanden kennt oder noch etwas Nützliches weiß.

Zitat (Betroffener) H. E.:

> Offene Gespräche mit engen Freunden helfen, das Selbstvertrauen aufrecht zu erhalten. Viele Kontakte erhöhen die Chance, vielleicht nicht den Traumjob, sondern den gerade vakanten Traumjob zu finden. Die (Re-)Aktivierung meines Kontaktnetzes hat an völlig unerwarteten Stellen zu Vorstellungsgesprächen und sogar schließlich zu einem neuen Job geführt.

Am besten erstellen Sie eine Liste mit potenziellen Kontakten, die Sie ansprechen können. Schließen Sie einzelne Personen nicht zu schnell aus, sondern versuchen Sie bei jedem die Frage zu beantworten: *Wen könnte derjenige kennen? Wie ist er selbst vernetzt? Wobei könnte er mich aufgrund seiner eigenen Position und seiner Erfahrung unterstützen?*

Halten Sie sich folgende Punkte fest:

- Kontaktperson
- Positionierung dieser Person
- Mögliche Kontakte dieser Person zu ...
- Mögliche Unterstützung bei ...

Gehen Sie Ihre Adresslisten durch. Sie werden kaum auf jemanden treffen, der nicht die Bereitschaft zeigt, Ihr Anliegen anzuhören und zu überlegen, was er für Sie tun kann.

Zitat (Betroffener) S. H.:

> Mein Netzwerk aus 18 Jahren verschiedener Tätigkeiten in der Branche hat mir sehr geholfen. Durch persönliche Kontakte erhielt ich ohne weitere Anstrengung die Möglichkeit, mehrere Gespräche zu alternativen Beschäftigungsverhältnissen zu führen.

Parallel hatte ich zwei, drei Headhunter angefragt, die mir aber nur eingeschränkt Mut gemacht hatten und auf deren Hilfe ich – glücklicherweise – nicht angewiesen blieb.

Netzwerke wachsen langsam und wollen gepflegt werden. Jetzt schnell ein Netzwerk aufzubauen wird nicht gelingen. Wenn Sie über persönliche oder berufliche Netzwerke verfügen, gilt es auch jetzt die Spielregel *Geben und Nehmen* einzuhalten. Wenn Sie Ihre Beziehungen in letzter Zeit etwas haben schleifen lassen, versuchen Sie jetzt wieder etwas präsenter zu sein. Nehmen Sie wieder Kontakt auf. Zu dem einen oder anderen vielleicht auch ohne gleich mit der Tür ins Haus zu fallen. Auch hier müssen Sie überlegen, wem Sie welche Informationen wie weitergeben. Ein *Ehrenkodex* in Netzwerken ist Aufrichtigkeit. Das heißt, wahren Sie Anstand und Ehrlichkeit und missbrauchen Sie nicht das Vertrauen Ihrer Ansprechpartner. Üble Nachrede den alten Arbeitgeber betreffend könnte dem einen oder anderen Gesprächspartner nicht so gut gefallen. Bedenken Sie: Man kennt sich. Oft geht es gar nicht so sehr darum, immer selbst etwas zu tun zu. Häufig ist es wichtiger, dass Brücken zu anderen gebaut und Türen geöffnet werden.

Fehlt Ihnen ein stabiles Netzwerk, lohnt es sich darüber nachzudenken, wen Sie eigentlich wo und wie kennen gelernt haben. Auf Kongressen, Tagungen, in Seminaren, in Arbeitskreisen, bei politischen und gesellschaftlichen Treffen etc.

Wenn Sie nun zu Veranstaltungen gehen, tragen Sie immer genügend Visitenkarten bei sich, um mit interessanten Menschen ins Gespräch zu kommen und ihnen in Erinnerung zu bleiben. Zwei Wochen nach dem Treffen können Sie erneut Kontakt aufnehmen – Chancen können sich überall ergeben. Sie selber sollten ebenfalls die Visitenkarten von Gesprächspartnern an sich nehmen. Am besten vermerken Sie gleich auf der Rückseite Informationen zum Ansprechpartner.

Neben Kontakten, die für Sie eine neue Position bedeuten können, bieten Ihnen Netzwerke etwas sehr Wichtiges: Informationen über Unternehmen und Personen in Unternehmen. Für eine erfolgreiche berufliche Neupositionierung brauchen Sie viele Informationen über Unternehmen, je höher Ihre angestrebte Position ist, desto mehr Informationen. Dabei geht es nicht nur um Fakten aus Jahresabschlüssen, sondern um Firmenkultur, Regeln und Menschen. Sicher hilft das Studium der gängigen Wirtschafts- und Managementpresse. Von Menschen erhalten Sie in der Regel authentische Informationen. Überlegen Sie auch, wo *man* sich trifft und wo *Männergespräche* stattfinden, sicher nicht beim Joggen im Wald. Welche Clubs und Wirtschaftsverbände kennen Sie und wo sind Sie gegebenenfalls Mitglied? Werden Sie wieder aktiv.

7.2   Was leisten Personalberater bzw. Headhunter?

Vertrauter ist Ihnen womöglich die Leistung von Personalberatern oder Head-huntern – sprich Beratern, die für Unternehmen vakante Positionen besetzen. Traditionell handelt es sich hierbei um Führungspositionen der mittleren und oberen Ebene. Heute erstreckt sich das Leistungsspektrum von Personalberatern aber auch auf spezifische Fachpositionen.

Die aus dem Beruf der Berater heraus gegebene Notwendigkeit, Unternehmen qualifizierte Bewerber anzubieten, erfordert einen großen Bewerberpool und eine gezielte Rekrutierung. Diesen Aspekt können Sie für sich nutzen. Am besten ist es, wenn Sie bereits Kontakte zu Personalberatern hatten – etwa solche, die Ihnen in der Vergangenheit einmal Positionen angeboten haben oder die für Sie Positionen besetzt haben. Sollten Sie einen gut positionierten und vernetzten Berater kennen, haben Sie quasi einen *Fallschirm* im Gepäck. Vielleicht gibt es in Ihrem Netzwerk und Bekanntenkreis weitere Personalberater, mit denen Sie Kontakt aufnehmen könnten – fragen Sie nach!

Zitat (Betroffener) F. K.:

> Headhunter – einige unterstützen phantastisch.

Zitat (Betroffener) H. O.:

> Bis heute habe ich nicht einen halbwegs gut sortierten und seriösen Headhunter kennen gelernt. Und ich habe viele getroffen.

Wenn in der Vergangenheit bereits einmal Kontakt zwischen Ihnen und dem Berater bestand oder Sie sich auf eine Empfehlung berufen können, ist das nur von Vorteil – beides ist ein nützlicher Türöffner. Selbst dann, wenn es diesbezüglich keine Kontakte gibt, sollten Sie Personalberater ansprechen und Ihre Bewerbung dort einreichen. Sie sollten allerdings im Hinterkopf behalten, dass Personalberater zwar immer geeignete Kandidaten für Positionen suchen, dass sie aber einen Kontrakt mit einem Unternehmen eingehen und nicht mit Ihnen als Kandidat.

Zitat (Betroffener) H. E.:

> ... Headhunter dagegen werden vom Unternehmen dafür bezahlt, dass dieses eine Position neu zu besetzen hat. Verwechseln Sie die professionelle Freundlichkeit nicht damit, dass man Ihnen helfen will, einen neuen Job zu finden. Dafür werden Headhunter nicht bezahlt!

7.2.1   Wie gehen Sie vor?

Für den Kontakt zu einem Personalberater gilt das Gleiche wie für alle Ihre Aktivitäten in einer Phase der Um- und Neuorientierung: Gehen Sie immer nur sehr gut vorbereitet in ein Gespräch – das gilt auch für die erste telefonische Anfrage. Stellen Sie sich vor, der Berater bittet Sie, ihm kurzfristig Ihre Unterlagen zur Verfügung zu stellen. Da Sie mit Ihrer Vorbereitung noch nicht so weit sind, benötigen Sie zwei Wochen bis die Unterlagen beim Berater sind. Das wirkt weder professionell noch kompetent und wird das Interesse, Sie zu vermitteln, kaum steigern.

Ihre Vorbereitung auf ein Gespräch mit einem Personalberater betrifft alle Aspekte, die auch Ihre Vorbereitung auf Bewerbungen umfasst. Auch wenn der Kontakt zum Personalberater positiv verlaufen ist und er Sie als Kandidaten aufgenommen hat, um Sie Kunden vorzustellen, sollten Sie sich durchaus auf etwas Wartezeit einstellen. Eine Vermittlung durch Personalberatungen kann durchaus längere Zeit in Anspruch nehmen. Ihre Unterlagen werden dem Kunden vorgestellt und bei Interesse wird ein Termin vereinbart.

Noch mehr Geduld werden Sie brauchen, wenn Ihnen der Berater mitteilt, dass er zwar an Ihnen und Ihren Unterlagen interessiert ist, zurzeit aber keinen Auftrag hat, zu dem Ihr Profil passt. So werden Sie in die Datenbank aufgenommen. Eine Vermittlungsaussage oder Zusage werden Sie in diesem Fall von einem Personalberater nicht bekommen.

Aus der Zusammenarbeit mit Personalberatern in unserem Netzwerk ist uns nicht bekannt, dass Bewerber für die Vermittlung Vereinbarungen unterschreiben oder Vermittlungsgebühren zahlen, da die suchenden Unternehmen die Vermittlungskosten tragen. Etwas anderes ist es natürlich, wenn Sie einem Berater einen konkreten Beratungsauftrag geben oder mit ihm vereinbaren, dass er aktiv eine neue Position für Sie suchen soll. Hierbei handelt es sich selbstverständlich um kostenpflichtige Leistungen, vergleichbar denen der Out- bzw. New-Placement-Beratung.

Kennen Sie in Ihrem Umfeld keine möglichen Ansprechpartner, können Sie Adressen von Personalberatern recht einfach über drei Wege gewinnen:

• Stellenausschreibungen in regionalen und überregionalen Zeitungen
• Suche im Internet
• Beim Bundesverband Deutscher Unternehmensberater BDU e. V. (www.bdu.de) in Bonn können Sie eine Liste von dort organisierten Personalberatern erhalten.

Versuchen Sie, sich vor einer Kontaktaufnahme Informationen über den jeweiligen Berater zu verschaffen. Zum einen geht dies über die Homepages der jeweiligen Berater, aber natürlich auch durch Nachfragen im Bekanntenkreis oder in Ihrem Netzwerk.

Verfügt ein Personalberater über Besetzungsaufträge, zu denen Ihr Profil passt, durchlaufen Sie letztendlich einen ganz normalen Personalauswahlprozess. Er wird mehr Stufen haben als bei einer direkten Bewerbung im Unternehmen und sollte durch hohe Professionalität gekennzeichnet sein. Sie können sich generell auf folgende Schritte einstellen:

- Erster Kontakt zum Berater
- Einreichen der persönlichen Bewerbungsunterlagen
- Erstes vertiefendes Interview, um zu sehen, ob Sie auf die vakante Stelle passen
- Gegebenenfalls weiteres vertiefendes Interview
- Gegebenenfalls Einholen von Referenzen
- Gegebenenfalls Bearbeitung von Führungs- oder Persönlichkeitsfragebögen
- Sollten Sie zur vakanten Position passen, folgt eine Vorstellung beim Kunden (wie viele Gespräche beim einstellenden Unternehmen erfolgen, ist sehr vom Kunden abhängig. Auf zwei bis drei Gespräche sollten Sie sich je nach Position einstellen.)
- Gegebenenfalls Teilnahme an einem Auswahlverfahren, z. B. Einzel-Assessment
- Entscheidung durch den Kunden

An die Unterlagen, die Sie bei Personalberatern einreichen, stellen Sie mindestens die gleichen, wenn nicht höhere Anforderungen als bei Ihren üblichen Unterlagen. Abweichungen bestehen lediglich hinsichtlich der ersten Seite (dem Anschreiben), wenn Sie sich nicht auf eine konkrete Position, sondern generell als Kandidat zur Vermittlung bewerben. Was für Unternehmen gilt, gilt umso mehr für Personalberater. Personalberater sind für Sie Mittler zu mehreren potenziellen Arbeitgebern. Damit man Sie als Top-Kandidaten bei Ihren Kunden vorstellt, müssen Sie die Berater von Ihrer Person umso mehr überzeugen.

Im Anhang finden Sie einige Adressen von Headhuntern.

7.3   Das eigene Stellengesuch

Eine weitere Option bei der Suche nach einer geeigneten neuen Position, selbst aktiv zu werden, bietet Ihnen ein eigenes Stellengesuch. Heute stehen Ihnen dafür grundsätzlich zwei Wege offen:

- Jobbörsen im Internet
- Regionale und überregionale Tageszeitungen und Fachzeitschriften

Bei einer insgesamt angespannten Arbeitsmarktlage sind diese Wege sicherlich mit viel Geduld zu verbinden. Sie müssen für Ihre konkrete Situation prüfen, ob einer oder beide Wege für Sie in Frage kommen. Wenn ja, erhöhen Sie damit in jedem Fall Ihre Chancen.

7.3.1 Jobbörsen im Internet

Mit dem Internet haben Stellensuchende heute weitaus bessere Möglichkeiten, an potenzielle Arbeitgeber zu gelangen, als früher. Der besondere Vorteil besteht darin, dass regionale und nationale Grenzen quasi mit einem Mausklick überwunden werden. Ihnen steht ein umfangreicher, weltweiter Informationspool zur Verfügung – zumindest auf den ersten Blick. Geben Sie bei einer beliebigen Suchmaschine einmal den Begriff *Jobbörse* ein, so werden Sie ein so großes, doch zugleich unübersichtliches Angebot finden. Sie werden es kaum schaffen, es durchzuarbeiten. Wehmutstropfen der Internet-Nutzung liegen zum einen in der schwer zu bewältigenden Vielfalt und zum anderen in der Frage, ob die Position, die Sie suchen, online angeboten wird.

Vakante Positionen in den Internet-Jobbörsen Inzwischen gibt es die verschiedensten Internet-Jobbörsen, sortiert von fachspezifisch bis fachübergreifend und regional bis überregional. Unternehmen können dort ihre Stellenangebote und Bewerber ihre Gesuche platzieren. Per E-Mail können Unternehmen und Bewerber direkt Kontakt miteinander aufnehmen. Die Zahl der Internet-Jobbörsen schwankt immer ein wenig. Es kommen neue hinzu, andere stellen Ihre Dienste ein, weil sie sich nicht etablieren konnten.

Um nur einige etablierte Jobbörsen zu nennen:

- www.career-now.com
- www.gigajob.com
- www.jobbörse.de
- www.jobmagazin.de
- www.jobmonitor.com
- www.jobonline.de
- www.jobpilot.de
- www.jobtime24.com
- www.jobware.de
- www.karrieredirekt.de
- www.monster.de
- www.stepstone.de

- www.tcw.de/app/webroot/jobboerse/
- www.worldwidejobs.de

Wenn Sie feststellen, dass für die von Ihnen angestrebte Position grundsätzlich Vakanzen in Jobbörsen ausgeschrieben sind, hat deren Nutzung wesentliche
Vorteile:

- Sie können gezielt nach bestimmten Kriterien suchen.
- Es gibt keine nationalen Grenzen. (Für Positionen aus dem internationalen
  Umfeld ist es ratsam, sich im Vorfeld mit den Anforderungen an einen interna-
  tionalen Cover Letter und einen internationalen CV auseinanderzusetzen.).
- Es besteht die Möglichkeit eines Abgleichs zwischen Ihrem Profil und dem
  Anforderungsprofil in Stellenangeboten. Hierfür müssen Sie allerdings gezielt
  und wohlüberlegt die Kriterien für den Vergleich eingeben.
- Sie können direkt über ein Bewerberformular oder eine E-Mail Kontakt zu den
  Unternehmen aufnehmen (die Anleitungen sind in der Regel sehr ausführlich).
- Sie können Ihr eigenes Bewerbungsprofil unter einer Chiffre-Nummer veröf-
  fentlichen, ohne Ihre persönlichen Daten zu nennen. Die Kontaktaufnahme
  erfolgt über eine Kennziffer.

7.3.2 Das eigene Stellengesuch in einer Tages- oder Fachzeitschrift

Eine Stellenanzeige in Printmedien ist der klassische Weg, um potenzielle Arbeitgeber auf sich aufmerksam zu machen. Im Vergleich zum Internet ist die Reichweite
dieser Medien begrenzt. Suchende Unternehmen können Sie jedoch gezielt über
dieses Medium ansprechen. Eine Stellenanzeige können Sie sowohl regional und
überregional in den entsprechenden Tageszeitungen als auch fachbezogen in
entsprechenden Fachzeitschriften schalten.

Wenn Sie aufgrund Ihrer Annonce eingeladen werden, steigen die Chancen auf
eine Einstellung meist erheblich. Die Anzahl der Bewerber ist wesentlich geringer,
als wenn das Unternehmen selbst eine Anzeige schaltet.

Eigene Stellengesuche richtig platzieren Bevor Sie Ihr Stellengesuch in dem für
Sie persönlich am besten geeigneten Medium aufgeben, sollten Sie sich mit ein paar
Anforderungen beschäftigen.

Selbstmarketing: Mit Ihrer Stellenanzeige wollen Sie für sich werben. Die Kunst besteht im *goldenen Mittelweg* zwischen sachlichem Informationsgehalt und Eigenwerbung:

- Stellen Sie Ihre Fähigkeiten und Kenntnisse klar und prägnant heraus.
- Wecken Sie Aufmerksamkeit, ohne dabei übertrieben witzig zu sein.
- Vermitteln Sie die Kernbotschaften zu Ihrer Person: Ihren Beruf bzw. die Position, die Sie besetzen können. (Fragen Sie sich bei jeder Aussage, die Sie in Ihre Anzeige aufnehmen wollen, welche Schlüsse ein Leser daraus ziehen kann.).
- Benennen Sie die Tätigkeit konkret, die Sie bislang ausübten und/oder die Sie in Zukunft ausüben wollen. Allgemeinplätze helfen nicht.
- Setzen Sie im Layout mit der Hervorhebung wichtiger Inhalte (Position) Akzente.
- Nutzen Sie die Möglichkeit, Chiffre-Anzeigen aufzugeben.

Die wichtigsten Informationen, die in die Anzeige gehören sind:

- der von Ihnen gesuchte Aufgabenbereich,
- Ihre persönlichen Daten (Geschlecht, Alter, Familienstand),
- Ihre zentralen Qualifikationen,
- Ihre besonderen Fähigkeiten und Kenntnisse,
- Berufspraxis und Erfahrung,
- die Branche, in der Sie tätig waren,
- der Ort bzw. die Region, in der Sie tätig werden wollen,
- den möglichen Wechsel- bzw. Einstiegstermin. Werden Sie konkret!
- Anzeigen- und Schriftgröße sollten so sein, dass Ihre Anzeige dem Leser beim ersten Durchsehen auffällt. Der Schrifttyp sollte klar und gut lesbar sein (Serifen-Schrift oder Helvetica-Familie).
- Machen Sie einen Entwurf, um beurteilen zu können, wie Ihre Anzeige wirkt.

Welche Zeitungen und Zeitschriften sind geeignet? Welche Zeitung Sie wählen, ist zunächst von der Position, die Sie suchen, abhängig. Grundsätzlich bieten sich folgende an:

- Regionale Tageszeitungen, wenn Sie regional gebunden sind.
- Überregionale Tageszeitungen sind der eigentliche Markt für Führungs- und Managementpositionen (*Frankfurter Allgemeine Zeitung, Die Welt, Süddeutsche Zeitung, Die Zeit, Handelsblatt*, etc.).
- Fachzeitschriften Ihrer Branchen (hier können Sie selbst am besten entscheiden, welche für Sie geeignet sind).

7.3.3 Auch Unternehmen suchen: Die Homepages von Unternehmen

Die meisten Unternehmen veröffentlichen inzwischen vakante Positionen im Internet. Bei Führungspositionen ist sicher die Frage berechtigt, wie viele Unternehmen hohe Führungspositionen oder sogar eine Geschäftsführerposition auf der Homepage ausschreiben. Eine weitere Schwierigkeit ergibt sich daraus, dass nicht alle Unternehmen mit ihren Online-Jobangeboten up-to-date sind. Häufig werden die Daten nicht gepflegt und aktualisiert.

Trotzdem ist es richtig und sinnvoll, die Stellenangebote der Unternehmen, die Sie interessieren, anzusehen. Ist dort eine interessante Position ausgeschrieben, nehmen Sie mit dem Unternehmen Kontakt auf, um zu erfahren, ob die Stelle noch vakant ist.

Manche Unternehmen bieten auf ihren Websites bereits standardisierte Online-Bewerbungsformulare an, die Sie *nur* noch ausfüllen müssen. Diese beginnen meist mit einfachen Fragen zu Ihrer Person, werden dann jedoch anspruchsvoller, z. B. durch Fragen nach der Motivation für Ihre Bewerbung. Beliebt sind auch offene Fragen, wie etwa: *Nennen Sie eine Situation, in der Sie andere von einer Idee überzeugen konnten.* Nehmen Sie sich die Zeit, diese Formulare auszudrucken, um sich in Ruhe Gedanken über Ihre Antworten zu machen.

Sich bewerben heißt sich selbst *verkaufen.* Sie erstellen mit Ihren schriftlichen Bewerbungsunterlagen Ihren persönlichen *Informations- und Verkaufsprospekt.* Ihr wesentliches Ziel ist, Ihre *Verkaufsargumente* in kurzer, verständlicher und prägnanter Form so darzustellen, dass Sie beim Leser Interesse und Neugier für Ihre Person wecken. Lassen Sie den Wunsch entstehen, Sie kennen zu lernen.

An dieser Stelle gehen wir nicht näher auf Bewerbungen ein, empfehlen Ihnen jedoch einige Bücher zum Thema Bewerbungen im Anhang.

7.4 Outplacement-Beratung: Professionelle Unterstützung bei der beruflichen Neuorientierung

7.4.1 Outplacement – eine sinnvolle Unterstützung

Mehr und mehr Firmen haben erkannt, wie sinnvoll es während des Trennungsprozesses ist, Mitarbeiter durch eine Outplacement-Beratung zu unterstützen.

Der Begriff Outplacement hat zum Teil eine unbegründete negative Konnotation. Diese resultiert aus Assoziationen mit dem Wort *out* (*heraus*), die wiederum mit *zweitklassig* und *nicht mehr gefragt sein* in Verbindung gebracht werden. Der Begriff weckt oft die Vorstellung, dass der Mensch, der mit dem Outplacement in Zusammenhang steht, *out* ist. Als Grund der Freisetzung wird also eine unzulängliche Arbeitsleistung unterstellt. Angesichts der negativen Konnotationen des Wortes werden die folgenden Begriffe synonym verwendet: *New Placement*, *Trennungsberatung* oder *Veränderungsberatung*.

Negative Assoziationen sollten Sie sofort beiseiteschieben. Outplacement-Beratung ist zwar letztlich ein personalpolitisches Instrument, welches Unternehmen für Ihre Mitarbeiter bei der beruflichen Neuorientierung in Anspruch nehmen, die Zielsetzung ist aber auf den Nutzen für den Mitarbeiter ausgerichtet. Ziel der Beratungsleistung ist es, Mitarbeiter (meist Führungskräfte), die gekündigt wurden, darin zu unterstützen, möglichst schnell eine neue Position zu finden, die zum einen ihren Wünschen und Vorstellungen entspricht und zum anderen ähnlich angesiedelt ist wie die alte Position. Outplacement ist Karriereunterstützung und in keinem Fall mit Therapie und nicht mit Arbeits- oder Jobvermittlung zu verwechseln.

Eine Neuorientierung am Arbeitsmarkt ist, wie der gesamte Bewerbungsprozess, für uns in der Regel keine alltägliche Aktivität. Durch kleine Fehler kann ein baldiger Erfolg leicht verhindert werden. Sollte Ihnen Ihr Unternehmen im Rahmen der Trennungsverhandlungen eine Outplacement-Beratung bei einem seriösen und kompetenten Berater anbieten, können wir nur empfehlen, sie auch zu nutzen.

Outplacement-Berater bieten Ihnen umfangreiche Unterstützung während der gesamten Stellensuche: angefangen bei einer gezielten Standortbestimmung und der Erstellung eines Kompetenzprofils über die Entwicklung einer Bewerbungsstrategie, die Unterstützung bei der Erstellung von Bewerbungsunterlagen und die Vorbereitung auf Vorstellungstermine. Sie können von den vielfältigen Erfahrungen und Kontakten der Berater profitieren. Diese Kompetenzen sollten Sie nutzen, um eine Position zu finden, die optimal zu Ihren Qualifikationen, Fähigkeiten und Vorstellungen passt.

In der Regel wird die Outplacement-Beratung vom Arbeitgeber mit dem Anliegen finanziert, den *einvernehmlichen* Trennungsprozess möglichst reibungslos zu gestalten. Wenn die Trennungsabsicht eindeutig ist, gegebenenfalls das Ende des Arbeitsvertrages schon festgelegt ist, soll dieser Schritt für den Arbeitgeber natürlich auch zu einer Kostenminimierung durch eine Verkürzung der Restlaufzeiten der Arbeitsverträge führen. Wichtig ist dabei aber auch die Überzeugung, für den Mitarbeiter noch nach der Kündigung verantwortlich zu sein. Denn wer seinem Mitarbeiter hier unter die Arme greift, zeigt, dass er ihn wertschätzt und verhilft ihm zu einer neuen beruflichen Zukunftsperspektive. Das Unternehmen wird damit seiner sozialen Verantwortung gerecht.

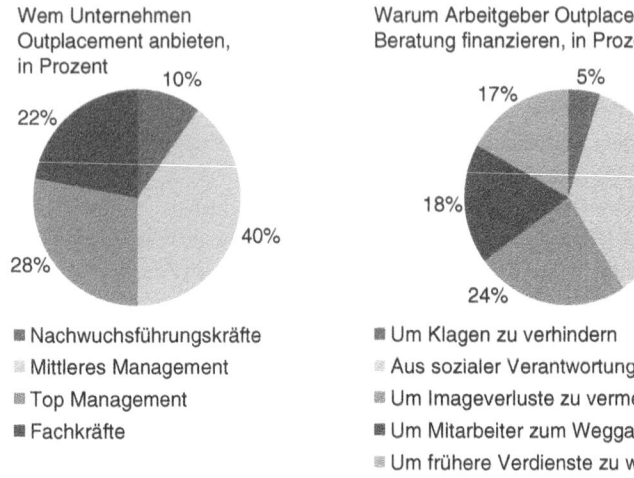

Wem Unternehmen
Outplacement anbieten,
in Prozent

Warum Arbeitgeber Outplacement-
Beratung finanzieren, in Prozent

■ Nachwuchsführungskräfte
▨ Mittleres Management
▨ Top Management
■ Fachkräfte

■ Um Klagen zu verhindern
▨ Aus sozialer Verantwortung
▨ Um Imageverluste zu vermeiden
■ Um Mitarbeiter zum Weggang zu bewegen
▨ Um frühere Verdienste zu würdigen

Abb. 7.1 Outplacement

Wenn Sie nur lange zurückliegende oder gar keine Erfahrungen mit einer Neupositionierung am Arbeitsmarkt haben, können Sie davon ausgehen, dass Ihnen die
Outplacement-Beratung wesentlich mehr hilft, als wenn Sie den entsprechenden
Geldbetrag, der als Honorar für den Berater anfällt, zusätzlich zu Ihrer Abfindung
bekommen.

7.4.2   Haben Sie Anspruch auf eine Outplacement-Beratung?

Wer unter welchen Bedingungen eine Outplacement-Beratung bekommt, ist eine
strategische und sicher auch politische Entscheidung des Unternehmens (siehe Abb. 7.1). Die Zielgruppe, die das Unternehmen für *richtig* hält, kann
unterschiedlich sein. Unternehmen müssen hier entscheiden, ob generell alle
(unfreiwillig) ausscheidenden Mitarbeiter die Outplacement-Beratung bekommen
oder nur Führungskräfte innerhalb eines bestimmten Gehaltsrahmens. Für viele
Unternehmen ist diese Unterstützungsleistung noch nicht selbstverständlich. Viele
Unternehmen betrachten sie nur dann als angebracht, wenn der Betroffene infol-
ge organisatorischer oder struktureller Unternehmensentscheidungen ausscheidet.
Bei Trennungen aus persönlichen Gründen sieht es oft anders aus.

Allgemein lassen sich folgende Kriterien für ein Angebot von Outplacement-Beratung finden:

- einvernehmliche Trennung
- Akzeptanz von Outplacement bei den Mitarbeitern des Unternehmens
- Bereitschaft des Betroffenen, an sich zu arbeiten und aktiv zu sein
- *Gesunde* Persönlichkeit des Betroffenen (keine Alkohol- oder Drogenprobleme etc.)
- Relativ lange Betriebszugehörigkeit

Generell wird Ihnen umso wahrscheinlicher ein Outplacement angeboten, je weniger transparent die Trennungsgründe sind und je weniger Sie einsehen können, weshalb die Entscheidung gerade zu diesem Zeitpunkt getroffen wurde. Dies ist dann der Fall, wenn Prozesse zur Trennung führen, auf die Sie keinen Einfluss haben, etwa konzernübergreifende Umstrukturierungsmaßnahmen, Fusionen, feindliche Übernahmen etc. Da Ihnen relativ plötzlich gekündigt wurde, ohne dass Sie sich darauf vorbereiten konnten, scheint es dem Unternehmen geboten, zusätzlich zu seinen rechtlich festgelegten Verpflichtungen eine Outplacement-Beratung anzubieten. Im Gegenzug, so nimmt der Arbeitgeber an, werden Sie sich eher bereit erklären, einer Aufhebung Ihres Arbeitsvertrages zuzustimmen.

Ganz gleich wie ihre Situation ist, Sie können eine Outplacement-Beratung natürlich auch selbst zum Gegenstand der Aufhebungsverhandlungen mit Ihrem Arbeitgeber machen. Es gibt keine Regel, die Ihnen dies versagt. Wie Sie hier strategisch und argumentativ gezielt vorgehen, besprechen Sie am besten mit Ihrem Rechtsanwalt.

7.4.3 Maximaler Nutzen: die eigene Zukunft aktiv gestalten

Outplacement-Beratung bietet Ihnen deutlich mehr als nur eine berufliche Neuorientierung – und hier liegt Ihr Nutzen. Während finanzielle Abfindungen Sie letztendlich mit Ihren Zukunftsängsten und Sorgen allein lassen, bietet Outplacement eine individuell zugeschnittene Unterstützung und persönliche Betreuung in dieser Umbruchsituation. Professionelle Beratung und Hilfestellung bei allen Problemen, die in der Bewerbungsphase auftreten, machen es Ihnen leichter, sich beruflich schnell und erfolgreich zu orientieren und eine adäquate Position zu finden.

Durch Outplacement gelingt es Ihnen:

- den Trennungsprozess schneller zu überwinden,
- Selbstwertgefühl wieder aufzubauen,

- den eigenen *Marktwert* besser einschätzen zu können,
- motivierter und organisierter bei der Jobsuche vorzugehen,
- schneller eine neue adäquate Position zu finden.

7.4.4 Beratungsleistungen individuell gestalten

Wichtig ist, dass Sie für sich ein Setting finden, welches Ihrer Situation und Ihrem Bedarf maximal gerecht wird. Dabei ist es nicht nur Ihr Recht, sondern es liegt in Ihrer Verantwortung, dies mit dem Arbeitgeber auszuhandeln, anstatt nur ein vorgegebenes Programm zu absolvieren. Ganz grundsätzlich können Sie unterscheiden zwischen:

Einzelberatung Als Führungskraft wird Ihnen sicherlich am ehesten eine Outplacement-Einzelberatung zugestanden. Die Eins-zu-Eins-Situation während der Beratung garantiert hohe Effizienz und optimale Betreuung. Die Inhalte der Beratung können optimal und individuell auf Ihre Bedürfnisse abgestimmt werden. Der Umfang der Beratung erfolgt meist nach individueller Beurteilung. In Abhängigkeit von der Zeitachse lässt sich hier zwischen unlimitierter und limitierter Einzelberatung unterscheiden. Was Ihr Arbeitgeber bereit ist zu finanzieren, ist zumindest zum Teil abhängig von Ihren Verhandlungskompetenzen. Die unlimitierte Einzelberatung dauert solange an, bis der Betroffene wieder eine neue Position gefunden hat. Zusätzlich gibt es eine Probezeitgarantie, d. h. der Klient wird ohne Mehrkosten erneut beraten, wenn er die Probezeit nicht besteht.

Bei der limitierten Einzelberatung durchlaufen Sie innerhalb eines begrenzten Zeitrahmens die einzelnen Phasen der Beratung zur beruflichen Neuorientierung und legen dabei selbst fest, welche Phase für Sie am bedeutsamsten ist.

Gruppenberatung Die Gruppenberatung wird gerne von Unternehmen angeboten, die sich von mehreren Mitarbeitern auf einmal trennen müssen. Neben umfangreichen individuellen Unterstützungsmaßnahmen steht häufig ein zwei- oder dreitägiges Seminar im Mittelpunkt der Beratung. Die individuellen Seminarinhalte umfassen in der Regel:

- die Teilnehmer auf ihre neue Situation vorbereiten,
- Hilfestellungen während der Umbruchsphase leisten,
- Fähigkeiten und Kompetenzen im Gruppenprozess ermitteln,
- Standortbestimmung, Abgleich Selbst- und Fremdbild,
- Hilfestellung bei der Einstellung auf ein neues Umfeld.

Ein individueller Nachbetreuungsservice, Folgeberatungstage sowie eine telefonische Beratung runden das Angebot, je nach Absprache, ab. Der Umfang der Unterstützung wird dabei zu Beginn auf Basis der spezifischen Unternehmenssituation festgelegt.

Die Einzelberatung ist in jedem Fall vorzuziehen. Ist der Arbeitgeber hierzu nicht bereit, sollten Sie die Chancen der Gruppenberatung dennoch nutzen.

7.4.5 Wie verläuft eine Outplacement-Beratung?

Jeder Tag ist wertvoll! Unter dieser Perspektive sollte Outplacement nicht nur rechtzeitig, sondern frühzeitig beginnen. Eine Verzögerungstaktik nutzt weder Ihnen noch dem Unternehmen, da wertvolle Zeit für den Prozess verloren geht. Die unternehmensinterne Beratung zur beruflichen Neuorientierung beginnt in der Phase des Trennungsprozesses und endet erst nach Ablauf der Probezeit im neuen Job. Typische Phasen der Beratung lassen sich grob wie folgt beschreiben:

1. *Auffangphase und Festlegen der Zielsetzung (persönliche Standortbestimmung)*: Zunächst geht es darum, den *Trennungsschock* in einem ausführlichen Beratungsgespräch aufzufangen und abzufedern. Es gilt, das möglicherweise angeschlagene Selbstwertgefühl wieder herzustellen, indem beispielsweise bisherige berufliche Erfolge hervorgehoben und vergegenwärtigt werden. Es folgt zumeist eine Analyse der Selbst- und Fremdeinschätzung, d. h. der Berater erfragt, wie Sie sich im Hinblick auf berufsrelevante Kompetenzen selbst einschätzen und gibt Ihnen eine Rückmeldung dazu, ob er Sie identisch einschätzt und wo sich möglicherweise Abweichungen zwischen Selbst- und Fremdbild ergeben. Des Weiteren erarbeitet er gemeinsam mit Ihnen Ihre berufliche Idealvorstellung. Aufbauend auf den persönlichen Stärken wird anschließend die beste individuelle Strategie geplant, ein Kompetenz-Profil entwickelt und Ihre Bewerbungsunterlagen werden zusammengestellt.
2. *Vorbereitungsphase auf den Bewerbungsprozess*: Gemeinsam mit dem Berater entwickeln Sie eine Neuorientierungsstrategie. Anschließend werden Sie in der effektiven Handhabung und Nutzung aller Methoden, sich Zugang zum Arbeitsmarkt verschaffen, unterstützt und gegebenenfalls angeleitet. Ebenfalls werden die weitere berufliche Zielsetzung abgesprochen und entsprechende Schritte geplant.
3. *Durchführungsphase der Bewerbungskampagne*: In dieser Phase trainieren Sie Ihre professionelle schriftliche und mündliche Präsentation, es geht um Ihr optimiertes Selbstmarketing. Ferner werden gemeinsam die notwendigen Schritte

im Bewerbungsprozess angegangen, wie eingehendes Prüfen der vorliegenden Job-Angebote (*Best Fit*) und Interviewtrainings. Werden Ihnen neue Positionen angeboten, wird Sie ein guter Berater bei der Prüfung und Entscheidung unterstützen. Er ist eine wertvolle Hilfe, da er Sie auf die Prüfung für Sie wichtiger Kriterien aufmerksam machen kann und vor vorschnellen, eventuell zu euphorischen Entscheidungen bewahrt.

7.4.6   Den richtigen Outplacement-Berater finden

Eine Dienstleistung ist immer so gut wie derjenige, der sie erbringt – das gilt besonders für beratende Dienstleistungen, bei denen der Schwerpunkt auf der Interaktion zwischen Kunden und Dienstleister liegt. Was genau einen Outplacement-Berater qualifiziert und welche Kompetenzen und Eigenschaften er aufweisen sollte, lässt sich nicht pauschal angeben.

Das Berufsbild ist dem eines Coachs oder eines Unternehmensberaters ähnlich; die Bezeichnungen sind rechtlich nicht geschützt, und es existiert keine festgelegte *Berufsausbildung* oder ein allgemein anerkanntes Zertifikat. Kompetenz heißt hier in hohem Maße Rückgriff auf Erfahrung: in der Beratung, in der Wirtschaft, Kenntnis verschiedener Branchen und Positionen, in eigenen Führungsaufgaben und vieles mehr. Selbstverständlich können aus der Aufgabenstellung erforderliche Qualifikationen abgeleitet werden. In diesem Zusammenhang kann etwa eine akademische Ausbildung als Voraussetzung für die Beratung angesehen werden. Dabei ist es sekundär, ob es sich um ein juristisches, wirtschaftswissenschaftliches, psychologisches oder geisteswissenschaftliches Studium handelt. Der akademische Hintergrund ist eher wünschenswert, um Ihnen als Klient ein adäquater Gesprächspartner zu sein und eine angemessene Auseinandersetzung mit Ihrer komplexen Situation zu gewährleisten.

Schnell werden Sie in einem ersten Gespräch herausfinden können, ob der Berater sich in wirtschaftlichen, politischen und sozialen Zusammenhängen auskennt. Dieser Aspekt ist gerade bei hochkarätigen Führungs- und Managementaufgaben nicht zu unterschätzen. Nicht selten ist es notwendig, während der Beratungseinheiten politische und wirtschaftliche Zusammenhänge zu diskutieren und anzusprechen, die sich auf die berufliche Neuorientierung auswirken. Der Berater soll dabei Anregungen geben und Ihre Situation und Perspektive im Zusammenhang mit komplexen politischen und wirtschaftlichen Entwicklungen verstehen und berücksichtigen können. Einen guten Nutzen bieten sicherlich Berater mit Erfahrungen als Personalberater oder aus vergleichbaren Positionen und Aufgabenfeldern. Hierzu gehören Kenntnisse wichtiger Variablen der Personalauswahl und der Interessen der Arbeitgeberseite.

Fachliche Qualifikationen und Kompetenzen sind die eine Seite. Auch bei Outplacement-Beratung ist die persönliche Passung ein wesentliches Kriterium für den Erfolg. Sie müssen sich gut betreut und verstanden fühlen und die Gewissheit haben, mit einem kompetenten Partner zusammenzuarbeiten.

Ein seriöser Outplacement-Berater:

- führt im Vorfeld kostenlose Informations- und Beratungsgespräche sowohl mit Ihnen als auch mit einem Vertreter des Unternehmens durch. Er nimmt sich Zeit, sich über den Hintergrund der Trennungssituation genau zu informieren und diese zu verstehen,
- erläutert Ihnen sein geplantes Vorgehen und fragt Sie nach Ihren Wünschen, Bedürfnissen und Vorstellungen. Er gibt realistisch darüber Auskunft, welche Erwartungen er erfüllen kann und welche nicht,
- arbeitet auf Basis eines Festhonorars und macht allen Beteiligten transparent, mit welchen Kosten seine Beratungsleistung verbunden ist,
- bleibt während des gesamten Beratungsprozesses Ihr fester Ansprechpartner,
- passt sich in seinem Vorgehen an die Erfordernisse der Situation an (Häufigkeit, Zeitpunkt und Vorgehensweise der Beratung),
- übernimmt Verantwortung für den erfolgreichen Abschluss der Neuorientierung, indem er zeitlich unbefristet mit Ihnen zusammenarbeitet,
- begleitet Sie auch in der Anfangsphase in Ihrer neuen Position (mindestens 6 Monate) und nimmt die Beratung erneut auf, falls Sie aus der neuen Position frühzeitig wieder ausscheiden sollten,
- unterstützt Sie auch administrativ in der Bewerbungsphase,
- arbeitet mit aktuellen Informationsquellen (Bücher, Datenbanken, Internet etc.),
- ist auf Outplacement-Beratung spezialisiert und bietet nicht etwa im Hauptgeschäft Personalvermittlung oder Headhunting an. Diese Personen sind in der weit überwiegenden Mehrzahl eher *Makler* als *Berater*,
- hat ausreichend Berufserfahrung als Outplacement-Berater,
- stellt auf Anfrage Referenzlisten zur Verfügung,
- verpflichtet sich zu absoluter Diskretion.

Wenn Sie diese Kriterien als erfüllt oder weitgehend erfüllt betrachten und die *Chemie* stimmt, steht einer erfolgreichen Beratung nichts mehr im Weg. Abwägen müssen Sie bei diesen Beratungsleistungen genau wie bei allen anderen, auch dann, wenn Sie die Auswahl des Beraters nicht mitbestimmen können, sondern bereits ein fester Kontrakt zwischen Unternehmen und dem Berater besteht. Prüfen Sie auch, wenn nicht alle Ihre Wunschvorstellungen erfüllt sind, ob der Nutzen der Outplacement-Beratung für Sie nicht trotzdem höher ist als ein kompletter Verzicht.

Wenn Sie sich selbst einen Outplacement-Berater suchen können oder müssen, sind folgende Internet-Seiten eventuell hilfreich:

- www.adensam.de
- www.karent.de
- www.newplacement.de
- www.outplacement-group.de
- www.smart-outplacement.de

7.4.7 Begleitung auf Zeit

Wie lange eine erfolgreiche berufliche Neuorientierung im Einzelfall dauert, kann nicht allgemein beantwortet werden. Zu individuell sind die einzelnen Aspekte und Situationen. Durchschnittlich arbeiten Klienten ca. vier bis sechs Monate mit dem Outplacement-Berater zusammen, bis sie einen neuen Arbeitsvertrag unterschreiben. Das mag sich vielleicht sehr lang anhören. Sie rechnen vielleicht damit, in deutlich kürzerer Zeit wieder erfolgreich eine neue Position einzunehmen. Eine richtige und gute Entscheidung braucht manchmal aber einfach ein größeres Zeitfenster. Stellen Sie sich frühzeitig darauf ein, wenn Sie Fehlentscheidungen und dadurch vorprogrammierte Unzufriedenheit vermeiden wollen. Zudem liegt die Situation nicht allein in Ihrer Hand, Sie sind neben Ihrem eigenen Engagement von verschiedenen externen Faktoren abhängig.

Zum einen haben die situativen Rahmenbedingungen in ihrem Alt-Unternehmen großen Einfluss darauf, wie lange der Trennungs- und Neuorientierungsprozess dauert. Streitigkeiten bewirken oft eine Verzögerung des Neubeginns, auch weil Sie Ihre Kräfte immer wieder in die Verhandlungen mit Ihrem bisherigen Arbeitgeber investieren müssen, anstatt sie auf Ihre Zukunft zu konzentrieren. Sind Sie mit einer langen Restlaufzeit Ihres Vertrags freigestellt, können Sie die neue Herausforderung gelassener und konzentrierter angehen, als wenn Sie parallel noch in Ihrer bisherigen Position eingebunden sind. Weitere Faktoren, die Sie nicht oder nur kaum beeinflussen können, sind Entscheidungszeiten in Unternehmen bei denen Sie sich beworben haben. Auch hier gehen manchmal Wochen oder gar Monate ins Land, bis eine Entscheidung getroffen wird.

Sehr grobe Anhaltspunkte dafür, wie viel Zeit Sie für die einzelnen Phasen der Beratung veranschlagen sollten, sind folgende:

- Phase 1 (Auffangphase und Festlegung der Zielsetzung): ca. 4 Wochen
- Phase 2: ca. 6 Wochen

Für die Phase 3 lässt sich kein ungefährer Zeitrahmen angeben, da Sie von den Entscheidungen eines neuen Unternehmens abhängig sind. Umfasst die Beratung auch die Betreuung während der ersten Zeit in Ihrem neuen Unternehmen, können Sie hierfür mit einem Zeitfenster von mindestens 6 Monaten rechnen.

Deutlich ist, dass es bei Outplacement-Beratung nicht um eine *schnelle* Leistung geht. Wichtig ist, dass Sie den Prozess so früh wie möglich beginnen. Für das Ziel, eine Position zu finden, die Ihren Vorstellungen und Wünschen möglichst weitgehend entspricht, ist diese Zeit bestens investiert.

Aus Misserfolg lernen und Grenzen durchbrechen

8

Zusammenfassung

Was tun, wenn der Erfolg meiner Bemühungen, eine neue Position zu finden, ausbleibt? Wir unterstützen Sie in diesem Kapitel, Ihre Strategie unter die Lupe zu nehmen, wo die Gründe für ausbleibende Erfolge liegen könnten und wie Sie richtig darauf reagieren. Anhand von Checklisten helfen wir Ihnen beim Abgleich Ihrer Kompetenzen mit den Anforderungen von Unternehmen bzw. dem Markt, was Ihnen wiederum Möglichkeiten zur persönlichen Weiterentwicklung eröffnet. Vielleicht stellen Sie hier auch für sich fest, dass es an der Zeit ist, neue Wege zu gehen und sich neu zu orientieren.

Des Weiteren gehen wir in diesem Kapitel noch einmal ausführlicher darauf ein, wie Sie sich in der Zeit der fehlenden Erfolgserlebnisse nicht von negativen Gefühlen blockieren lassen. Wir stellen Ihnen Wege vor, diese Blockaden abzubauen, um wieder mit mehr Sicherheit und positiver Ausstrahlung in Gespräche gehen zu können. Die Arbeit an Ihrer persönlichen Veränderungsformel unterstützt Sie auf Ihrem Weg, Ihre eigenen Grenzen stetig zu erweitern.

Abgerundet wird dieses Kapitel durch die *Begleitung der ersten 100 Tage*, wenn all Ihre Bemühungen Früchte getragen haben und Sie eine neue Position gefunden haben!

8.1 Mit ausbleibendem Erfolg umgehen und richtig reagieren

Zitat U. M. (Betroffener, ehemaliger Abteilungsleiter Produktion):

> Ich fühlte mich für die Bewerbungsphase gut gerüstet: Nachdem ich einige Ratgeber zu dem Thema Bewerbung gelesen hatte, um mich wieder auf den neusten Stand zu

---

M. Lorenz, U. Rohrschneider, *Neuorientierung für Führungskräfte*,
DOI 10.1007/978-3-658-05142-6_8, © Springer Fachmedien Wiesbaden 2014

bringen, und auch für mich klar hatte, wohin ich eigentlich wollte, fing ich an nach Stellenausschreibungen zu suchen und Bewerbungen zu verschicken.
Mein Fazit nach drei Monaten: Irgendetwas lief gewaltig schief. Neben vielen direkten Absagen waren auch die Gespräche, die ich geführt hatte, im Nichts verlaufen. Verstehen konnte ich das nicht: Es hatte doch alles so gut anfangen – und mit meinen Qualifikationen! Doch so langsam überkamen mich auch Selbstzweifel: Was hatte ich denn falsch gemacht?

Auch wenn viele Anstrengungen unternommen werden, um einen neuen Job zu finden, führen diese leider nicht immer zum gewünschten Erfolg. Von kurzfristigen Startschwierigkeiten einmal abgesehen, kann es passieren, dass sich trotz längerer Suche nach einer neuen Anstellung keine passende Position findet oder der Bewerbungsprozess ohne Erfolg bleibt.

Dies ist nichts Ungewöhnliches und angesichts der hohen Arbeitslosenzahlen in Deutschland nicht weiter verwunderlich. Dennoch sollten Sie sich darüber im Klaren sein, dass Sie auf absehbare Zeit etwas an Ihrer Strategie ändern müssen, wenn sich an der Situation nichts ändert.

Doch bevor Sie das tun, lohnt es sich, einen Blick auf die Ursachen für den ausbleibenden Erfolg zu werfen. Vermutlich werden Sie sich über den einen oder anderen Aspekt schon Gedanken gemacht haben.

Was sind aus Ihrer Sicht die Gründe für den ausbleibenden Erfolg in ihrem Bewerbungsprozess?

Haben Sie persönlich die Möglichkeit, aktiv etwas dagegen zu unternehmen?

Ein häufig von Personalleitern genannter Grund dafür, dass jemand eine Stelle nicht bekommen hat, ist, dass eine andere Person einfach noch besser geeignet war bzw. der abgelehnte Kandidat nicht gut genug zur Stelle/zum Unternehmen gepasst hat.

8.1.1   Umgang mit Ablehnung und Kritik

Häufig wird diese Entscheidung vom erfolglosen Kandidaten als persönliche Kritik oder Ablehnung seiner Person verstanden. Wenn das der Fall ist, kann man schwerlich ohne Emotionen reagieren. Wir werden wütend, *machen zu* und fühlen uns schlecht. Selbstzweifel, wie im obigen Zitat geäußert, sind eine weitere Folge der empfundenen Ablehnung.

Es wird Sie nicht überraschen zu hören, dass die Entscheidung eines Personalleiters *gegen* einen Kandidaten vor allem eine Entscheidung *für* einen anderen Kandidaten ist. Selten gründen solche Entscheidungen auf der Ablehnung des Kandidaten als Person. Leider sind wir nicht in jeder Situation zugänglich für solche rationalen Erklärungen. Deshalb ist es einfacher Wege zu finden, mit der empfundenen persönlichen Kritik umzugehen.

1. Nehmen Sie Kontakt mit der Person auf, die die Entscheidung getroffen hat, und versuchen Sie, von Ihr Informationen zu bekommen. Was hat zu ihrer Entscheidung beigetragen? Welche Hinweise oder Verbesserungsvorschläge kann sie Ihnen für andere Gespräche geben? So vermeiden Sie zu viele negative und selbstkritische Gedanken, die Ihr Handeln eher hemmen als fördern.

2. Versetzen Sie sich in die andere Person hinein: Was waren ihre Gründe, so zu entscheiden? Wenn Sie versuchen, die Hintergründe zu analysieren, fällt es Ihnen leichter, eine Distanz herzustellen und konstruktiv statt emotional zu reagieren.

3. Versuchen Sie, weniger zu erwarten und dafür mehr zu hoffen. Erwartungen können nur erfüllt oder nicht erfüllt werden, wobei Letzteres zu Enttäuschung führt. Erwartungen sind dringend, sind sie einmal da, lassen sie sich kaum aufschieben. Hoffnung dagegen ist weniger zwingend, darin verbirgt sich zwar der Wunsch, etwas Bestimmtes zu bekommen, eine Nicht-Erfüllung ist aber nicht endgültig, da die Hoffnung weniger dringend ist. Sobald Sie Dinge zwar hoffen, jedoch nicht mehr erwarten, werden Sie gelassener und können die Dinge leicht so nehmen, wie sie kommen. Darüber hinaus wirken gelassene Menschen wesentlich positiver und entspannter, was letztendlich auch Ihrem Auftreten im Bewerbungsgespräch zugute kommt.

4. Lernen Sie aus unangenehmen Situationen, was daran möglicherweise gut für Sie war. Betrachten Sie das Unternehmen oder die Rahmenbedingungen der angebotenen Position. Vielleicht stellen Sie fest, dass eine hierarchische Unternehmensstruktur nichts für Sie ist oder dass Sie nicht in die Firmenkultur passen. Die Frage nach dem Positiven in der eigentlich negativen Situation trägt zu einer konstruktiven Verarbeitung bei und lässt sie das Erlebte neutral, wenn nicht sogar positiv empfinden.

8.1.2 Die eigene Employability erhalten und steigern

Ein wichtiger Grund für den ausbleibenden Erfolg im Bewerbungsprozess kann die fehlende Passung zwischen den Anforderungen, die ein Markt oder ein Unternehmen an Bewerber stellt, und dem *Paket*, das der Bewerber mitbringt, sein. In diesem Fall müssen Sie als Bewerber analysieren, was die Anforderungen und Wünsche der Unternehmen sind: Inwieweit entsprechen Sie mit Ihrem Profil diesen Ansprüchen?

Eine grundsätzliche Prüfung der eigenen Employability, der Arbeitsmarktfähigkeit, kann sich in diesem Zusammenhang als sehr nützlich erweisen.

Die Bedeutung von Employability oder auch Beschäftigungsfähigkeit von Personen hat in den letzten Jahren in vielen Unternehmen zugenommen. Employability ist die Fähigkeit jedes einzelnen, auch unter sich ändernden Gegebenheiten seine fachlichen, persönlichen und sozialen Kompetenzen eigenverantwortlich und zielgerichtet weiterzuentwickeln und zu nutzen, um seine Beschäftigungsfähigkeit zu steigern und zu bewahren.

Um sich über Ihre persönliche Employability klar zu werden, sollten Sie einen Blick auf Ihre Schlüsselkompetenzen werfen:

- die überfachlichen Kompetenzen, wie die Fähigkeit zur Kommunikation, zur Teamarbeit und zur Selbstreflexion, das heißt Betrachten und Bewerten des eigenen Denkens und Handels, und
- die persönlichen Kompetenzen, zu denen Ihre Einstellungen und Haltungen gehören, wie Eigenverantwortung, Initiative, Engagement und Veränderungsbereitschaft.

Insbesondere für Sie als Führungskraft gehören zudem Belastbarkeit und die Fähigkeit zum Umgang mit ungewohnten Situationen sowie Konfliktfähigkeit und Frustrationstoleranz zu den Kompetenzen, die Ihre Employability ausmachen. Die vorhandene fachliche Kompetenz ist für Führungskräfte hingegen ein *must-have*, also unverzichtbar. Es lohnt sich, dies sehr gut für sich zu beschreiben: Welche besonderen fachlichen Qualifikationen zeichnen Sie aus?

Ein weiterer Punkt, der heutzutage immer wichtiger wird, ist die persönliche Bereitschaft zur Mobilität, d. h. für den neuen Arbeitgeber umzuziehen oder auch längere Reisen zu unternehmen. Gerade für Führungskräfte mit Familie, Baueigentum u. Ä. stellt diese Anforderung häufig ein Problem dar.

Nutzen Sie die folgenden Checklisten Tab. 8.1 und 8.2, um festzuhalten, welche Anforderungen das Unternehmen bzw. der Markt an potenzielle Bewerber stellt. Welche Kompetenzen sind Ihres Wissens gefordert? In welcher Ausprägung sollten diese vorhanden sein? Tragen Sie dies in die nachfolgende Tabelle ein. Die freien Spalten lassen Platz für unternehmensspezifisch geforderte Kompetenzen. Sie können jedoch auch die oben beispielhaft genannten Schlüsselkompetenzen auflisten. Um die unternehmensspezifischen Kompetenzanforderungen zu erfahren, studieren Sie Stellenanzeigen und die Internetseiten des Unternehmens. Was wird von Mitarbeitern erwartet? Wie wird die Kultur beschrieben?

Die zweite Checkliste Tab. 8.2 bietet Ihnen die Möglichkeit, die Ausprägung der Kompetenzen für sich selbst einzuschätzen. Tragen Sie hier dieselben Kompetenzen ein, die Sie auch in der ersten Checkliste verwendet haben.

Tab. 8.1 Anforderungsprofil des Unternehmens

Anforderungen des Unternehmens	Ausprägung hoch					niedrig
	1	2	3	4	5	6
Fachkompetenz						
	o	o	o	o	o	o
	o	o	o	o	o	o
	o	o	o	o	o	o
	o	o	o	o	o	o
	o	o	o	o	o	o
Persönliche Kompetenz						
	o	o	o	o	o	o
	o	o	o	o	o	o
	o	o	o	o	o	o
	o	o	o	o	o	o
	o	o	o	o	o	o
Überfachliche Kompetenz						
	o	o	o	o	o	o
	o	o	o	o	o	o
	o	o	o	o	o	o
	o	o	o	o	o	o
	o	o	o	o	o	o
Mobilität						
	o	o	o	o	o	o
	o	o	o	o	o	o
	o	o	o	o	o	o
	o	o	o	o	o	o
	o	o	o	o	o	o

Seien Sie bei der Einschätzung der Kompetenzen ehrlich zu sich selbst und versuchen Sie, sich selbstkritisch und realistisch zu betrachten. Bitten Sie Freunde und Verwandte um eine Einschätzung Ihrer Kompetenzausprägung und vergleichen Sie das Feedback, das Sie erhalten haben, mit Ihrer eigenen Einschätzung. Achten Sie dabei jedoch darauf, dass diese Personen die jeweiligen Kompetenzen auch einschätzen können.

Tab. 8.2 Ihr persönliches Kompetenzprofil

Verhalten/Eigenschaft	Ausprägung hoch					niedrig
	1	2	3	4	5	6
Fachkenntnisse						
	o	o	o	o	o	o
	o	o	o	o	o	o
	o	o	o	o	o	o
	o	o	o	o	o	o
	o	o	o	o	o	o
Persönliche Kompetenz						
	o	o	o	o	o	o
	o	o	o	o	o	o
	o	o	o	o	o	o
	o	o	o	o	o	o
	o	o	o	o	o	o
Überfachliche Kompetenz						
	o	o	o	o	o	o
	o	o	o	o	o	o
	o	o	o	o	o	o
	o	o	o	o	o	o
	o	o	o	o	o	o
Mobilität						
	o	o	o	o	o	o
	o	o	o	o	o	o
	o	o	o	o	o	o
	o	o	o	o	o	o
	o	o	o	o	o	o

Bei dem Vergleich Ihres Kompetenzprofils mit dem Anforderungsprofil des Unternehmens können Sie feststellen, wo Übereinstimmungen und wo Diskrepanzen bestehen.

Möglicherweise erweist sich die eine oder andere Kompetenz, die Sie in Ihrer bisherigen Position als besondere Stärke empfunden haben, für das jetzige Unternehmen als weniger relevant. Stattdessen werden Kompetenzen gefordert, die in Ihrer bisherigen Laufbahn eine untergeordnete Rolle spielten (Einzelkämpfer vs. Teamplayer).

Es kann auch sein, dass bestimmte Verhaltensweisen, die in früheren Systemen erfolgreich waren, in neueren Systemen nicht mehr gewünscht sind oder nicht mehr funktionieren, weil eine andere Zusammenarbeits-, Kommunikations- oder Führungskultur vertreten wird. Überlegen Sie deswegen für zukünftige Gespräche, wie Sie hinsichtlich einer bestehenden Diskrepanz argumentieren können, und vor allem, was Sie tun können, um diese Diskrepanz zu minimieren.

Der objektive Umgang mit den eigenen Kompetenzen und Fähigkeiten im Vergleich zur aktuellen Situation ermöglicht es Ihnen, sich gezielt weiterzuentwickeln oder Rat zu holen (z. B. bei einem Coach, siehe Kap. 2). So tragen Sie schlussendlich dazu bei, Ihre Employability aufrechtzuerhalten. Für die Stärkung Ihrer Employability stehen Ihnen unter anderem folgende Möglichkeiten offen:

• Besuchen Sie gezielt Trainings zu den Themen, bei denen eine Diskrepanz zwischen den Unternehmensanforderungen und Ihrem Profil besteht. Viele Trainingsinstitute haben Angebote für Führungskräfte zu den unterschiedlichsten Themen. Und wenn es nicht ganz so teuer sein soll: Auch Volkshochschulen bieten einige Kurse an, die für Führungskräfte interessant sein könnten. Trainings sind insbesondere zum Aufbau überfachlicher und methodischer Kompetenzen geeignet.
• Zu vielen Themen existieren eine Menge Bücher, mit denen Sie sich selbst weiterbilden können. Um fachspezifisches Wissen aufzubauen, empfiehlt es sich, einschlägige zu lesen.
• Gespräche mit einem Coach können Ihnen dabei helfen, Ihre persönlichen Kompetenzen schrittweise zu erweitern.

8.1.3   Neue Wege gehen

Nicht immer kann und will man sich jedoch den bestehenden Anforderungen anpassen. Möglicherweise finden Sie heraus, dass Sie den bewährten Weg nicht weitergehen wollen, sondern sich neu orientieren oder etwas ganz anderes probieren möchten.

Bereits der Wechsel in einen anderen Markt, in dem Ihr Fachbereich vertreten ist, kann Ihnen neue Herausforderungen bieten. Wer sagt, dass Sie als ehemaliger Controller eines Autoherstellers nicht in das Controlling der Nahrungsmittelindustrie wechseln können? Nutzen Sie die Chance sich in aufstrebenden Märkten, mit denen Sie bisher wenig zu tun hatten, die aber für Sie interessant sein könnten, zu bewerben. Ihre Lernbereitschaft und Aufgeschlossenheit gegenüber anderen Herangehensweisen vorausgesetzt, werden Sie es nicht schwer haben, sich auch dort zurechtzufinden. Weiten Sie Ihr Blickfeld auf branchenübergreifende Einsatzmöglichkeiten aus und seien Sie sich im Klaren, dass Ihr branchenfremder Blick auch einen großen Vorteil für den Einstieg in eine neue Branche darstellen kann. Sie bringen eine unverstellte Perspektive von außen sowie neue Ideen aus anderen Branchen mit. Nutzen Sie diese Argumente auch in Vorstellungsgesprächen, um die fehlende Branchenerfahrung wett zu machen.

Eine weitere Alternative zum klassischen Beschäftigungsverhältnis ist der Weg in die Selbstständigkeit. Vielleicht tragen Sie schon eine Weile eine bestimmte Idee mit sich herum, oder Sie wollen frei von unternehmenspolitischem Gerangel entscheiden können, was gemacht wird. Die Selbstständigkeit eignet sich insbesondere dann, wenn Sie auf einem Fachgebiet über spezifisches Wissen verfügen, mit dem Sie sich selbstständig machen können. Prüfen Sie, wie Erfolg versprechend Ihre Geschäftsidee ist und wie es mit der Finanzierung aussieht bzw. mit Ihrer finanziellen Gesamtsituation. In der Selbstständigkeit können Sie nicht vom ersten Tag an mit einem geregelten Einkommen rechnen. Lassen Sie sich gut und umfassend beraten.

8.2 Blockaden überwinden

Der ausbleibende Erfolg in einem Bewerbungs- oder auch Neuorientierungsprozess trotz, aus eigener Sicht, idealer Vorbereitung kann uns das Gefühl vermitteln, in einer Sackgasse gelandet zu sein. Wir stoßen an unsere Grenzen, verlieren vielleicht den Mut, sehen keine Perspektive oder Hoffnung auf Besserung. Begleitet wird der Zustand von einem Gefühl der Niedergeschlagenheit, vielleicht aber auch Enttäuschung oder Wut.

8.2.1 Die Lächel-Technik

Gerade in solchen Situationen ist es wichtig, dass wir uns von den negativen Gefühlen nicht blockieren lassen. Eine erste, sehr einfache und wirksame Möglichkeit, um negative Gefühle zu verringern, ist das Lächeln. Der Grund hierfür liegt in der direkten Verbindung der Gesichtsmuskulatur mit dem Gehirn. Ein Hochziehen der Mundwinkel löst entsprechende neuronale Reize aus, die positive Empfindungen hervorrufen. Ein Lächeln verträgt sich nicht mit negativen Empfindungen – für unser Gehirn passt das einfach nicht zusammen. Auch wenn Ihnen nicht zum Lächeln zumute ist oder Sie sich vielleicht albern vorkommen – lächeln Sie ganz bewusst. Sie werden merken, dass ein Lächeln nicht mit trübsinnigen Gedanken vereinbar ist. Sie können die Wirkung des Lächelns weiter steigern, wenn Sie sich vor den Spiegel stellen. Eventuell kommen Sie sich dann so albern vor, dass Sie wirklich lachen müssen. An der Situation ändert das Lächeln zwar nichts, Ihre Gefühle und Gedanken können Sie so aber gezielt steuern und wieder in den Griff kriegen.

8.2.2 Glaubenssätze verändern

Eine weitere Blockade kann sich aus der persönlichen Wahrnehmung der Situation ergeben, wenn wir eine Situation als hoffnungs- oder perspektivlos ansehen. Aber bedenken Sie: Ohne wirkliche Perspektive und Hoffnung ist nur ein Schiffbrüchiger im Ozean, der den Hai schon auf sich zukommen sieht. Die Hoffnungslosigkeit hängt meist mit einer negativen Grundeinstellung zusammen. Diese äußert sich in Gedanken wie: *Ich kann das einfach nicht. Das klappt sowieso nicht. Ich habe nie Glück.*

Diese negativen *Glaubenssätze* bewirken, dass wir unsere Umwelt wie durch einen Filter betrachten – wir achten in der Situation auf Dinge, die diese Glaubenssätze belegen und blenden Erlebnisse, die dagegen sprechen, einfach aus. Negative Grundüberzeugungen wirken darüber hinaus als sich selbst erfüllende Prophezeiungen. Weil wir annehmen, dass etwas schlecht laufen wird, läuft es dann tatsächlich schlecht. Der Grund: Wir ändern unser Verhalten unbewusst, so dass am Ende tatsächlich das erwartete (schlechte) Resultat eintritt.

Der erste Schritt, um diese Blockade zu überwinden, besteht darin, dass Sie genau auf Ihre negativen Gedanken, die Sie im Zusammenhang mit einem Misserfolg haben, achten. Notieren Sie negative Glaubenssätze, welche in solchen Momenten auftauchen.

Überlegen Sie im zweiten Schritt, welche Ihrer Erfahrungen in der Vergangenheit gegen diese Annahme sprechen und schreiben Sie diese in eine Liste. Nutzen Sie die Bilanz Ihrer größten Erfolge in den letzten Jahren (siehe Kap. 3). Überlegen Sie gründlich und fragen Sie Freunde und Familie, wenn Ihnen spontan nichts einfällt.

Dabei sollten Sie nicht nur an große Ereignisse (wie eine Beförderung) denken, sondern Ihren Blick ganz bewusst auf die kleinen Erfolgserlebnisse richten.

• Sie wurden um Rat gefragt; Ihre Kollegen sind gerne mit Ihnen essen gegangen (negative Annahme: *Mich findet eh jeder langweilig.*);
• Sie finden häufig Lösungen für Alltagsprobleme; Sie haben es geschafft, 15 kg abzunehmen (negative Annahme: *Ich kann sowieso nichts.*);

- Nach einem Fahrradunfall waren Sie bis auf blaue Flecke völlig unversehrt (negative Annahme: *Ich habe nie Glück.*).

Geben Sie nicht zu schnell auf und ergänzen Sie Ihre Liste fortlaufend. Je länger die Liste wird, desto besser. Denn dies macht deutlich, dass Ihre negativen Grundüberzeugungen schlichtweg falsch sind, da es viele Beweise für das Gegenteil gibt. Sobald Sie erkannt haben, dass Ihre negativen Grundüberzeugungen irrational sind, wird es Ihnen leicht fallen, mit einem innerlichen *STOPP!* Negative Gedankenspiralen zu unterbrechen. Auf Grundlage Ihrer Liste können Sie stattdessen positive Grundüberzeugungen formulieren (*Ich schaffe auch das, weil ich bisher auch viel geschafft habe.*), die Sie sich in dieser Situation vor Augen führen können. Dies erfordert Willenskraft, denn Sie müssen bewusst einen bereits automatisierten Gedankenprozess unterbrechen und Ihre Gedanken auf etwas bisher Ungewohntes (den positiven Glaubenssatz) richten. Doch je häufiger Sie so vorgehen, desto normaler wird es für Sie.

Ein ausbleibender Erfolg im Bewerbungsprozess kann auch dazu führen, dass wir ganz besonders in Situationen wie dem Vorstellungsgespräch blockiert sind. Wir sind weniger selbstbewusst, gehen mit kritischen Fragen nicht souverän um und präsentieren uns nicht überzeugend. Das Gespräch bleibt erfolglos, und die steigende Anzahl von Misserfolgen macht uns vor dem nächsten Gespräch noch hoffnungsloser – ein Teufelskreis.

Um wieder mit mehr Sicherheit und positiver Ausstrahlung in Gespräche zu gehen, gibt es verschiedene Wege, um die Blockaden abzubauen.

8.2.3 *Best moments* verankern

Eine gute Übung, um auch in Stresssituationen in einen positiven Energiezustand zu gelangen, ist das *Anker setzen*. Anker sind äußere Reize, die bei einem Menschen bestimmte innere Reaktionen hervorrufen (Beispiel: Der Geruch nach Meer erinnert an Urlaub – wir empfinden ein freudiges und entspanntes Gefühl). Die Anker wirken auch, wenn wir gar nicht mehr in der jeweiligen Situation sind. Der Grund dafür ist, dass das menschliche Gehirn Anker zur Orientierung nutzt. Es schafft sozusagen Landkarten, in denen Reize mit inneren Reaktionen verknüpft werden.

Anker können über verschiedene Sinneskanäle wirken – Augen, Ohren, Geschmack oder Berührung. Je mehr Sinneskanäle ein Anker anspricht, desto intensiver wird der Zustand, der mit dem Anker in Verbindung steht, erlebt.

Obwohl der Prozess normalerweise unbewusst abläuft, kann man solche Anker auch gezielt verwenden, um die inneren Zustände zu steuern. In diesem

Fall wird ein besonders positives Erlebnis, ein *best moment* verankert, um die damit in Zusammenhang stehenden Gefühle durch die Aktivierung des Ankers hervorzurufen.

Ein *best moment* ist eine Situation in Ihrem Leben, in der Ihnen einfach alles gelingt. Sie sind im Vollbesitz Ihrer Kräfte, fühlen sich kraftvoll und die Dinge laufen mühelos, wie von selbst. Diesen Zustand können Sie sich durch das Ankern gezielt verfügbar machen, um ihn in Alltagssituationen zu nutzen.

Vorgehen zur Ankerung des *best moment* mit einer Geste

- Im ersten Schritt prüfen Sie, welche unauffällige Berührung oder Geste Sie als Anker verwenden können, z. B. Sie fassen mit Ihrer Hand an Ihren Mund oder an Ihr Ohr, oder Sie legen die Hände aneinander. Auch aber das Spielen mit einem Ring kann eine solche Geste sein. Suchen Sie nach einer Geste, die zu Ihrem Verhalten gehört. Es sollte eine Geste sein, bei der Hautkontakt besteht und die Sie unauffällig in einem Gespräch ausführen können. Überprüfen Sie, ob diese kleine Bewegung neutral, das heißt ohne Assoziationen oder Gefühle, auszuführen ist, da nur neutrale Gesten als Ankerstellen geeignet sind.
- Aus drei Situationen Ihres Lebens, in denen Sie sich hervorragend, kraftvoll und glücklich gefühlt haben, suchen Sie Ihren *best moment* aus. Diese Situation sollte ausschließlich positiv besetzt sein.
- Gehen Sie nun mit Ihrer ganzen Vorstellungskraft in die Situation hinein, vergegenwärtigen Sie sich alles, was dazu gehört hat, was Sie gesehen, gehört und gerochen haben, möglicherweise auch, welcher Geschmack wichtig war. Rufen Sie die Gefühle wach, die Sie in dieser Situation begleitet haben und erleben Sie sie noch einmal.
- Suchen Sie nach dem schönsten Moment in der Situation, und kosten Sie Ihn aus. Ziehen Sie Ihn in die Länge und genießen Sie Ihren *best moment* in vollen Zügen.
- Ankern Sie dieses Gefühl, indem Sie nun die Geste ausführen, die Sie gewählt haben. Dies tun Sie so lange, wie das Erleben andauert, und Sie beenden es, sobald Sie sich wieder an der Gegenwart orientieren. Passen Sie die Stärke Ihrer Berührung der Stärke des Erlebens an – intensives Erleben ankern Sie mit starkem Kontakt, schwache Reaktionen mit eher leichten Berührungen.
- Kommen Sie zurück in die aktuelle Situation. Testen Sie nun, ob Ihr Anker funktioniert. Was passiert, wenn Sie Ihre Geste ausführen? Erleben Sie Ihren *best moment*? Falls nicht, müssen Sie den Anker noch stärker festigen und die Ankerung noch ein paar Mal wiederholen. Bei andauernden Problemen

überprüfen Sie die Neutralität des Ankers, die rein positive Energie des *best moment* und den richtigen Zeitpunkt für die Verankerung.

Sobald der Anker zuverlässig funktioniert, können Sie sich in Situationen, in denen Sie blockiert sind, gezielt in einen positiven Zustand versetzen. Vor einem Vorstellungsgespräch können Sie so neue Energie tanken, was sich auf Ihre Ausstrahlung auswirkt.

8.2.4 Mental trainieren

Um bezüglich eines Bewerbungsgesprächs sowohl die Nervosität in den Griff zu bekommen als auch ein souveränes Auftreten zu üben, gibt es eine effektive Methode zur Vorbereitung: das Mentale Training. Spitzensportler nutzen Mentales Training seit Jahren zur klassischen Wettkampfvorbereitung, denn es bedeutet, *im Kopf* zu trainieren. Für Sie heißt das, dass Sie Ihr Verhalten in der Bewerbungssituation üben, ohne ein reales Gespräch zu führen. Der Schlüssel zum Erfolg ist auch hier Ihre Vorstellungskraft. Mit voller Konzentration gehen Sie mental ein Gespräch in allen Details durch.

- Welche Fragen werden gestellt und wie möchten Sie darauf antworten?
- Was könnten Knackpunkte sein?
- Wie präsentieren Sie sich zu Beginn des Gesprächs?
- Wie möchten Sie auftreten? Stellen Sie es sich so genau wie möglich vor.

Besonders positiv ist, dass Sie Ihre Trainingseinheit im Kopf anhalten können, wenn Ihnen auffällt, dass Sie etwas vergessen haben oder etwas anders machen möchten. Wie bei einem Spiel können Sie zurück auf Start und Ihre Runde verbessern. Je häufiger Sie die Situation durchgehen, desto sicherer werden Sie für den Ernstfall. Gleichzeitig erkennen Sie Verbesserungspotenziale und können neue Erkenntnisse einbauen, um Ihren Auftritt zu perfektionieren.

Wie bei dem Hürdenläufer, der 500 Läufe im Kopf absolviert hat und am Wettkampftag das geübte Verhalten fast automatisch abspult, hat sich auch bei Ihnen das gewünschte Verhalten durch die ständige Wiederholung etabliert. Denn Vorstellungen über ein Verhalten aktivieren die gleichen Hirnareale wie das tatsächliche Verhalten. Das Ergebnis: Im Gespräch wirken Sie gut vorbereitet, souverän, entspannt und positiv – die besten Erfolgsvoraussetzungen.

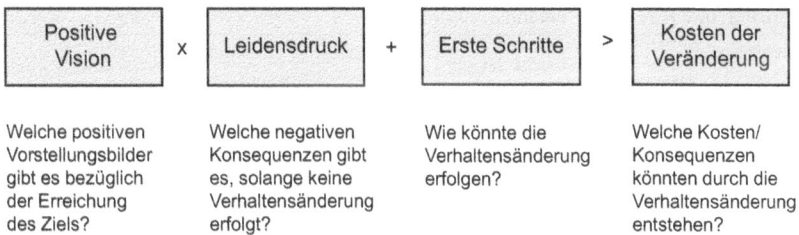

Abb. 8.1 Veränderungsformel

8.3   Die eigenen Grenzen stetig erweitern

Wer hohe Ziele verfolgt, muss hoch springen. Denn Erfolg und positive Erlebnisse erreicht man nicht mit geringem Kraftaufwand. Je ehrgeiziger Ihre Ziele sind, desto mehr müssen Sie innerlich akzeptieren, dass zur Zielerreichung enorme Anstrengungen notwendig sind. Ohne einen starken Veränderungswillen und die nötige Disziplin wird es auf Dauer schwer, die gefühlten eigenen Grenzen zu erweitern.

Eine Grundvoraussetzung dafür ist der Glaube daran, dass dies möglich ist! Sie persönlich müssen davon überzeugt sein, dass Sie das Ziel erreichen können, mehr noch: Sie müssen daran glauben, dass Sie Ihre eigenen Grenzen überwinden können. Oder anders gesagt: *Glaube an deine Grenzen und du wirst zweifellos Recht behalten.*

8.3.1   Die Veränderungsformel

Grenzen zu erweitern bedeutet Veränderung. Wie wir mit Veränderungen umgehen, wurde bereits in Kap. 2 erläutert. Damit wir selbst etwas ändern, müssen verschiedene Faktoren zusammenspielen, wie die Veränderungsformel in Abb. 8.1 zeigt:

Die Faktoren, die eine Veränderung bewirken, sind . . .

- eine positive Vision, was die Veränderung bewirken würde (z. B. spannende Aufgaben, Erfolgserlebnisse, Anerkennung),
- der Leidensdruck, der entsteht, wenn nichts geändert wird (Gefühl von Inkompetenz, finanzielle Einschränkung, Imageverlust),

Tab. 8.3 Ihre persönliche Veränderungsformel

Ihre Vision	
Ihr Leidensdruck	
Ihre ersten Schritte	
Ihre Kosten	

- eine Vorstellung von den ersten Schritten, die auf dem Weg zur Veränderung erfolgen müssen (Maßnahmen, erste Ansätze, Hilfestellung, *richtiges* Verhalten).

Damit wir aber tatsächlich etwas ändern, muss die Summe dieser Faktoren (sie werden multipliziert) größer sein als die *Kosten*, die durch eine Veränderung entstehen (Umzug, Trennung von der Familie, fremdes Umfeld, weiter Anfahrtsweg, etc.). Schreiben Sie die Aspekte Ihrer persönlichen Veränderungsformel in Tab. 8.3 auf:

Um Ihre Veränderungsbereitschaft zu stärken, können Sie an allen vier Aspekten arbeiten:

1. Vision: Zu Zielen und Visionen haben wir Ihnen in Kap. 3 wichtige Hinweise gegeben. Gehen Sie Schritt für Schritt noch einmal durch, wenn Ihre Vision noch nicht wirkungsvoll genug ist.
2. Leidensdruck: Manche Menschen beschweren sich über ihre Situation, doch wenn sie ehrlich wären, müssten sie zugeben, dass sie gar nicht so sehr leiden. Wie stark ist Ihr Leid wirklich? Spüren Sie nur geringen Leidensdruck, dürfen Sie jetzt einmal richtig negativ denken. Was kann alles passieren, wenn Sie nicht in den nächsten x Monaten einen neuen Job finden? An dieser Stelle ist Schwarzsehen erlaubt.
3. Erste Schritte: Was Sie tun können, um sich neu zu orientieren, haben wir in den verschiedenen Kapiteln aufgezeigt. Erstellen Sie sich eine Liste mit möglichen ersten Schritten, auf die Sie zurückgreifen können.
4. Kosten: Welche negativen Konsequenzen sind in Ihrer Phantasie für Sie mit einer neuen Position verbunden? Hand aufs Herz: Schreiben Sie alles auf und prüfen Sie im nächsten Schritt, ob die vermuteten Konsequenzen wirklich so

schlimm sein können. Dabei kann die Frage: *Was ist das Schlimmste, das mir im Leben passieren kann?* sehr neutralisierend wirken.

8.3.2 Die Taktiken des Schweinehundes und wie sie überwunden werden

Manchmal fehlt es nicht am Wille, sondern es mangelt uns an Disziplin. Dabei verharren wir in unseren Grenzen. Hier spielt der berühmte *innere Schweinehund* eine nicht unerhebliche Rolle. Der innere Schweinehund sabotiert unsere Vorhaben bereits im Vorfeld durch:

*   die Sprache der Unverbindlichkeit (Konjunktive, wie *Ich müsste mal ...*),
*   die Verzögerungs-Taktik (*Ich kann noch nicht ..., ich muss erst noch ...*),
*   die Verharmlosungs-Taktik (*Ist alles nicht so wild., Das macht doch nichts.*),
*   Sicherheitsdenken (*Lieber erst mal abwarten*),
*   die Versucher-Taktik (*Ich werde versuchen, ..., Ich habe es versucht, aber ...*).
*   die Nebel-Taktik (unklare Formulierungen, wie *mehr verdienen, glücklicher sein*),
*   die Freigeist-Taktik (sich nicht festlegen wollen: *kein Termin – keine Tat*).

Haben wir endlich angefangen, findet der innere Schweinehund immer einen Weg, damit wir wieder aufhören:

*   Ablenkungsmanöver (*Bevor ich anfange Bewerbungen zu schreiben, werde ich noch eben die Steuererklärung ausfüllen ...*),
*   die Ausnahme-Falle (*Nur noch diese Woche ...*),
*   die Abbruchs-Taktik (*Das bringt doch gar nichts – ich lasse es lieber sein ...*),
*   den verhängnisvollen Blick auf Andere (*Andere haben sich auch nicht so oft beworben ...*).

Haben wir unser Vorhaben aufgegeben, lässt der Schweinehund uns

*   tröstende Opferlieder (*Es ist ja auch fast unmöglich, in meinem Alter noch einen Job zu finden*) und
*   destruktive Versager-Lieder (*Es hat doch alles sowieso keinen Sinn ...*) singen.

Das Wissen um den Schweinehund und das Erkennen seiner Strategie ist der wesentliche erste Schritt. Wenn Sie *ihn* erkennen, sagen Sie einfach laut *Nein*. Instruieren Sie sich selbst mit *Du machst jetzt . . .!* und feiern Sie Ihren Erfolg über den Schweinehund. Das motiviert für die nächste Situation, in der er sich wieder meldet.

Werfen Sie einen Blick auf Ihre Veränderungsformel: Wenn Ihr Leidensdruck noch nicht hoch genug ist, hat der Schweinehund ein leichtes Spiel. Erst wenn sich der Leidensdruck in Ihrer Wahrnehmung erhöht, fällt es leichter, den Schweinehund abzuschütteln.

8.4   Der Neustart: Die ersten 100 Tage im neuen Job

Herzlichen Glückwunsch! Ihre Bemühungen, Ihr Durchhaltevermögen und Ihr gezieltes Vorgehen haben Früchte getragen – Sie haben eine neue Position. Machen Sie sich bewusst, dass Sie diesen Erfolg nur einer Person zu verdanken haben – sich selbst! Das Jobangebot (oder möglicherweise auch mehrere, zwischen denen Sie sich entschieden haben) macht deutlich, dass Sie alles richtig gemacht haben und ein oder mehrere Unternehmen von sich, Ihren Stärken und Ihren Zielen überzeugen konnten.

8.4.1   Integration und Führung als neue Führungskraft

Als neuer Mitarbeiter haben Sie zu Beginn erst einmal zwei Prioritäten: Sie verhalten sich so, dass Ihr Arbeitgeber weiterhin von Ihrer Eignung überzeugt ist und Sie verhalten sich so, dass auch Ihr Team und Ihre Kollegen von Ihnen überzeugt sind.

Denn neben Ihrer Fähigkeit, die neuen Aufgaben und Herausforderungen zu meistern, die Ihr neuer Job mit sich bringt, spielt Ihre soziale Kompetenz beim Start in einem neuen Unternehmen eine besondere Rolle.

Machen Sie sich bewusst, dass Sie als *Neuling* in ein bestehendes Unternehmensgefüge hineinkommen und dass Ihnen alle anderen mit vielen Fragen und Erwartungen gegenübertreten. Die Fragen werden nicht unbedingt offen gestellt, aber man wird Sie genau beobachten. Umgekehrt benötigen Sie selbst eine gute Beobachtungsgabe.

Wie sehen Betriebsklima und Unternehmenskultur aus? Das Betriebsklima beeinflusst nicht nur Ihre Arbeit an sich, sondern auch, wie Mitarbeiter miteinander umgehen, wie Vorgesetzte mit Mitarbeitern umgehen und wie *Neue* empfangen werden. Versuchen Sie deshalb, in den ersten Tagen und Wochen einen Eindruck vom Betriebsklima zu bekommen. Hören Sie zu, schauen Sie hin und fragen Sie. Bewerten Sie das, was Sie erleben, nicht vorschnell, vor allem nicht vor Ihren neuen Kollegen oder Mitarbeitern. Dies kann schnell den Eindruck erwecken, dass Sie sich als *Besserwisser* aufspielen. Oft fühlen sich langjährige Mitarbeiter, die zufrieden mit dem Unternehmen sind, durch solche Wertungen auch persönlich angegriffen. Geben Sie sich und Ihren Kollegen noch etwas Zeit. Geben Sie erst Feedback, wenn Sie schon eine Weile dabei sind, und wenn Sie Ihre Rolle im Team bzw. Unternehmen gefunden haben.

Dabei ist es enorm wichtig, die Dynamik im eigenen Team zu erkennen und sich darin zurechtzufinden. Welche Regeln gelten in Ihrem neuen Team bzw. in Ihrer Abteilung? Überall gelten interne Regeln, die Sie als *Neuling* noch nicht kennen. Erst langsam werden Sie lernen, welche informellen Rollen einzelne Mitarbeiter haben, welche Dinge gesagt werden und welche ungesagt bleiben, ob es interne Rituale, wie z. B. ein gemeinsames Frühstück oder Mittagessen, gibt und welche unterschwelligen Erwartungen an Sie, den *Neueinsteiger*, gerichtet werden. Auch in die Beziehungen der Mitarbeiter untereinander, wer gut und wer nur mäßig miteinander *kann*, werden Sie erst mit der Zeit einen tieferen Einblick gewinnen.

Versuchen Sie zunächst, sich den Gepflogenheiten anzupassen, um sich schnell und reibungslos in das Team zu integrieren. Wie beim Betriebsklima gilt hier: beobachten Sie und hören Sie zu, fragen Sie gegebenenfalls nach, wenn Ihnen etwas unklar ist. So erfahren Sie am meisten über die Teamdynamik. Respektieren Sie vorerst bestehende informelle Rollen (z. B. den *Kümmerer* oder den Kritiker).

Als neuer Chef ist es Ihr Ziel, das Vertrauen des Teams und auch die Anerkennung als Weisungsbefugter zu gewinnen. Ohne diese Grundvoraussetzungen können schnell Konflikte entstehen. Bei Konflikten innerhalb des Teams vermeiden Sie es tunlichst, Stellung für eine Partei zu beziehen. Als *Neuer* sind Ihnen nicht alle Aspekte bekannt, und es besteht die Gefahr, dass Sie selbst zum *Sündenbock* werden.

Jede Führungskraft, die in ein neues Unternehmen wechselt, bringt neben Ihrem eigenen Stil eigene Ideen und Vorstellungen mit, die sie im Team oder im Unternehmen umsetzen möchte. Für den Anfang gilt jedoch: Warten Sie ab. Es kann passieren, dass frühzeitig geäußerte Veränderungsvorschläge von Ihren Kollegen und Mitarbeitern nicht ernst genommen oder sogar abgelehnt werden, da Ihnen aus ihrer Sicht noch die nötige Kenntnis des Unternehmens fehlt. Entwickeln Sie stattdessen einen Ideenspeicher, in dem Sie alle Veränderungsideen festhalten, unterteilt nach kurzfristigen und mittelfristigen Veränderungen. Sobald Sie ein umfassenderes Verständnis der Unternehmensabläufe haben, können Sie gegebenenfalls Modifikationen vornehmen. Was will ich kurzfristig umsetzen? Was will ich mittelfristig verändern?

Allerdings bedeutet sich eher zurückzunehmen nicht, grundsätzlich zurückhaltend zu sein. Gerade als neuer Vorgesetzter müssen Sie allein aufgrund Ihrer Rolle aktiv auf Ihre Mitarbeiter zugehen, mit Ihnen kommunizieren und Kontakt herstellen. Selbstverständlich stehen dabei Freundlichkeit, Wertschätzung und Respekt an erster Stelle. Bringen Sie Ihre eigene Persönlichkeit ein und seien Sie authentisch. Stehen Sie zu dem, was Sie nicht wissen, und lassen Sie es sich erklären. Nutzen Sie den Kontakt auch, um die Meinung Ihrer Mitarbeiter zu Entscheidungen zu hören. Gerade die lange Erfahrung Ihrer Mitarbeiter in dem für Sie neuen Unternehmen kann Ihnen bei schwierigen Entscheidungen nützlich sein.

Bei alledem gilt jedoch: Verkaufen Sie sich, Ihre Erfahrungen und Ihr Können nicht unter Wert. Lassen Sie keinen Zweifel daran, dass Sie, obwohl Sie manche Abläufe noch nicht kennen, die Führungsposition innehaben. Machen Sie Ihren Mitarbeitern deutlich, dass Sie zwar nachfragen und Rat holen, dies jedoch nicht bedeutet, dass Sie Ihre Führungsverantwortung nicht wahrnehmen. Sollten Sie diesbezüglich unsicher sein, frischen Sie Ihr Führungswissen doch einfach durch gezielte Trainings, ein Coaching oder Fachbücher zum Thema auf.

Was den Umfang des eigenen Entscheidungs- und Verantwortungsbereichs angeht, sollten Sie in den ersten Wochen im neuen Unternehmen das Gespräch mit Ihrem Vorgesetzten suchen. Nutzen Sie diese Gelegenheit zur Klärung folgender Fragen:

• Welche Ziele muss ich erreichen?
• Woran wird mein eigener Erfolg gemessen?
• Welche Themen sind meinem Vorgesetzten besonders wichtig?
• Was umfasst meine Verantwortungsspanne?
• Was umfasst meine Entscheidungsspanne?
• Welche Informationspflicht habe ich gegenüber wem?
• Welche Veränderungen/Verbesserungen werden von mir erwartet?

8.4.2 Die 3-Monats-Bilanz

Nach den ersten drei Monaten im neuen Job sollten Sie einen ruhigen Moment dazu nutzen, einmal nüchtern Bilanz zu ziehen. Lassen Sie die vergangenen Monate Revue passieren, halten Sie das Positive und das Negative schriftlich fest. Nutzen Sie den folgenden Fragenkatalog, um Eindrücke zu notieren. Ergänzen Sie die Fragen durch Themen, die für Sie persönlich wichtig sind.

1. Wie zufrieden sind Sie mit Ihrer Arbeit?
   - Sehen Sie weitere Entwicklungschancen?
   - Konnten Sie frühere Erfahrungen nutzen?
   - Macht die Arbeit Spaß und sind Sie motiviert?
   - Wie zufrieden sind Sie mit Organisation und Struktur des Unternehmens?
   - …
2. Wie schätzen Sie Ihre Leistung ein?
3. Wie empfinden Sie die Beziehungen zu Kollegen und Mitarbeitern?
   - Fühlen Sie sich vom Team in Ihrer Rolle anerkannt?
   - Werden Sie ernst genommen und respektiert?
   - …
4. Wie ist das Klima im Unternehmen?
   - Konnten Sie neue Ideen einbringen?
   - Wie gestaltet sich Ihre Entscheidungsfreiheit?
   - …
5. Wie ist Ihr Lebensgefühl?
   - Wie sieht es mit den Themen Stress, Anspannung und Druck aus?
   - Finden Sie Zeit für Entspannung?
   - Wie ist Ihre körperliche Fitness?
   - Wie ist die Beziehung zu Ihrer Partnerin/Ihrem Partner/Ihrer Familie?
   - Gibt es besondere neue Anforderungen? Wie kommt Ihre Partnerin/Ihr Partner/Ihre Familie damit zurecht?
   - …
6. Welche Ihrer Erwartungen wurden erfüllt, welche nicht?

Stellen Sie, nachdem Sie Ihre Eindrücke gesammelt haben, eine Soll-Haben-Bilanz auf. Auf die Haben-Seite kommt alles, was Ihnen gut gelungen ist und was Ihnen gut gefällt. Auf der Soll-Seite befinden sich die Dinge, die aus Ihrer Sicht noch verbesserungswürdig sind bzw. die Ihnen nicht so gut gefallen haben.

Folgende beispielhafte Bilanz (Tab. 8.4) verdeutlicht dieses Vorgehen:

Überlegen Sie im Anschluss, welche Schlüsse Sie aus der Bilanz ziehen. Die Soll-Seite gibt Hinweise auf Verbesserungspotenzial: Was soll sich ändern, und was werden Sie dafür tun? Die Haben-Seite verdeutlicht bisherige Erfolge: Welches Verhalten wollen Sie beibehalten, weil es sich bewährt hat?

Die Bilanz zeigt auf, wo die positiven Aspekte Ihrer neuen Stelle liegen und mit welchen Aspekten Sie noch nicht wirklich zufrieden sind. Halten sie sich die Waage, überwiegen die positiven oder die negativen Aspekte? Welche Konsequenzen ziehen Sie daraus für das nächste Vierteljahr?

Tab. 8.4 Soll-Haben-Bilanz

Haben	Soll
Ich komme mit meinen Aufgaben inhaltlich sehr gut zurecht	Meine Zeitplanung ist oft noch unzureichend
Ich pflege eine sehr gute Beziehung zum Team	Zu Kollegen aus anderen Abteilungen habe ich zu wenig Kontakt
Die Finanzplanung für das nächste Quartal steht	Mein Verbesserungsvorschlag wurde im Vorstand nicht zur Kenntnis genommen
Ich habe eine gute Work-Life-Balance	Auf Kritik reagiere ich manchmal unangemessen

Prüfen Sie schlussendlich, inwieweit sich die Erwartungen, die Sie vor drei Monaten bei Antritt des neuen Jobs hatten, erfüllt haben. Klar ist, dass sich nie alle Erwartungen zu 100 % erfüllen. Die Frage ist in diesem Fall, welchen Stellenwert erfüllte und unerfüllte Erwartungen haben. Bewerten Sie deswegen, wie wichtig eine erfüllte Erwartung ist bzw. wie schwer eine unerfüllte Erwartung wiegt. Nutzen Sie hierzu eine Skala von 1 bis 6, von sehr unwichtig/überhaupt nicht schwer bis äußerst wichtig/sehr schwer.

Haben sich viele Erwartungen erfüllt, die für Sie allerdings nur einen niedrigen Stellenwert haben? Wurde eine für Sie persönlich äußerst wichtige Erwartung nicht erfüllt, wird Ihre Erwartungsbilanz vermutlich negativer ausfallen, als wenn zwar viele eher unwichtige Erwartungen nicht erfüllt, aber eine sehr wichtige Erwartung erfüllt wurde.

Finden Sie, auch im Gespräch mit Ihrem eigenen Vorgesetzten, heraus, wie sich bestimmte Erwartungen vielleicht zu einem späteren Zeitpunkt erfüllen lassen. Ist dies nicht möglich, müssen Sie für sich prüfen, ob Sie trotz einer negativen Erwartungsbilanz auch zukünftig motiviert und mit Einsatzbereitschaft arbeiten können, oder ob Sie sich auf Dauer nochmals neu orientieren möchten.

Ausblick 9

Zusammenfassung

Machen Sie den Wechsel – ob gewollt oder ungewollt – zu Ihrer Chance! Akzeptieren Sie den Wandel als unveränderliche Größe. Verharren Sie gedanklich nicht in Situationen, die nicht zu halten waren – der neue Weg wird Sie vielleicht weiter bringen, als Sie es erwartet haben!

Ein Buch, das Führungskräften bei der beruflichen Neuorientierung helfen soll? Sicher, denn gerade Führungskräfte gelangen in ihrer Laufbahn in Phasen, wo Konstellationen nicht beeinflussbar sind und die Situation ohne Chancen auf Besserung ist. Gerade das Erlebnis der ungewollten oder auch gewollten Trennung vom Arbeitgeber ist ein Ereignis, wo guter Rat teuer ist, schwer zu bekommen ist und wo schnell Fehlentscheidungen getroffen werden.

Verhindern Sie unüberlegte Schritte in Veränderungssituationen, werden Sie sensibel für erste Warnzeichen. Befassen Sie sich frühzeitig mit Szenarien und Alternativen für Ihr weiteres Vorgehen, zum Beispiel in Verhandlungsphasen.

Das Tal der Tränen muss nicht so tief sein, wie Sie anfänglich befürchten – der neue Weg wird Sie vielleicht viel weiter bringen als Sie erwarteten. Die rechtzeitige Beschäftigung mit dem negativen Gefühl der eigenen Wirkungslosigkeit kann verhindern, dass man nur Ausweglosigkeit sieht.

Die Reaktivierung des eigenen Netzwerkes, das strategische und vielleicht auch kreative Vorgehen, neben der konsequenten Umsetzung, sind nicht nur Erfolgsfaktoren in der Führungs- und Managementkarriere, sondern auch gerade in Phasen der beruflichen Veränderungen.

Erleben Sie, wie Wechsel – ob gewollte oder ungewollte – zu Chancen werden. Das rechtzeitige und gezielte Arbeiten an den wesentlichen Variablen verkürzt die berufliche Auszeit deutlich. Aktivieren Sie hilfreiche und nützliche Multiplikatoren, erwerben Sie für die nächsten Schritte die Fähigkeit, mit Netz und Sicherheitsseil zu arbeiten. Akzeptieren Sie den Wandel als unveränderliche Größe. Mit Kraft, Mut, Ausdauer, Geschick und Zähigkeit waren Sie dort angelangt, wo Sie zuletzt standen. Verharren Sie gedanklich nicht in Situationen, die mit den vorhandenen Kräften nicht zu halten waren – auch das gehört zum Erfahrungsrepertoire langjähriger Führungskräfte. Eine berufliche Konstellation kann so beschaffen sein, dass Sie selbst machtlos sind, auch damit müssen Sie umgehen lernen.

Verzichten Sie dennoch nicht auf ihr Lösungsversprechen als Manager. Sie haben (und wenn nur sich selbst) versprochen, wirksam zu sein, zu bewegen, zu gestalten, zu beeinflussen und Verantwortung zu übernehmen. Und genau das sollten Sie jetzt tun: Nur für kurze Zeit einmal ganz ausschließlich und im besten Sinne für sich selbst.

Wenn Sie dieses Buch nützlich fanden, freuen wir uns über Anregungen, Feedback oder Kommentare.

Danksagung Wir möchten uns ganz herzlich für die textliche und inhaltliche Überarbeitung dieses Buchprojektes bei unserer Kollegin Ilona Haselbach bedanken. Ihrer textlichen Sicherheit und peniblen Detailtreue ist es zu verdanken, dass dieses Buch in vorliegender Form vor Ihnen liegt. Es ist eine tiefe Freude mit langjährigen erfahrenen und sehr kompetenten Kolleginnen solche Projekte gemeinsam zu bewerkstelligen.

9.1 Adressen Headhunter

Spencer Stuart, Schaumainkai 69, D-60596 Frankfurt, Tel.: + 49 69 61 09 27 0, Fax: + 49 69 61 09 27 50, www.spencerstuart.de

ODGERS BERNDTSON Unternehmensberatung GmbH, Olof-Palme-Straße 15, D-60439 Frankfurt/Main, Tel.:+ 49 69 95 77 70 1, Fax: + 49 69 95 77 79 01, E-Mail: info@odgersberndtson.de, www.odgersberndtson.de

Egon Zehnder International GmbH unter anderem in Berlin: Beisheim Center, Berliner Freiheit 2, D-10785 Berlin, Tel.: + 49 30 32 79 55 0, Fax: + 49 30 32 79 55 60, E-Mail: berlin@egonzehnder.com, www.egonzehnder.com

Heidrick & Struggles Unternehmensberatung GmbH & Co. KG unter anderem in Düsseldorf: Kennedydamm 24, D-40476 Düsseldorf, Tel.: + 49 211 82 82 0, Fax: 0049 (0)211 591627, E-Mail: düsseldorf@heidrick.com, www.heidrick.com

Interconsilium GmbH GmbH & Co. KG Unternehmensberatung, Kennedydamm
24, 8. Stock des SKY Office, D-40476 Düsseldorf, Tel.: + 49 211 88 24 40 0, Fax:
+ 49 211 88 24 40 11, www.interconsilium.de

Büro Rickert GmbH, Personalberatung, Südliche Münchner Str. 60, D-82031
Grünwald, Tel.: + 49 89 64 90 20 0, Fax: + 49 89 64 90 20 11, E-Mail:
mail@rickert-online.de, www.rickert-online.de

Heiner Thorborg GmbH & Co. KGaA, Bischofsweg 32, D-60598 Frankfurt
am Main, Tel.: + 49 69 92 07 45 0, Fax: + 49 69 92 07 45 99, E-Mail:
heiner@thorborg.com, www.heinerthorborg.com

Ifp – Institut für Personal- und Unternehmensberatung, Will und Partner GmbH
& Co. KG, Brückenstraße 21, D-50667 Köln, Tel.: + 49 221 20 50 60, Fax: + 49
221 20 50 63 3, E-Mail: Personalberatung@ifp-online.de, www.ifp-online.de

Headhunter Institut – hunting heads Executive Search International hunting heads,
Bachstraße 37, D-58300 Wetter, Tel.: + 49 2335 84 84 80, Fax: + 49 2335 84 84
81, E-Mail: Zentrale@huntingheads.de, www.huntingheads.de

Menzinger Personalberatung, Waldschmidtstr. 19, D-60316 Frankfurt, Tel.:
+ 49 69 26 49 73 92, Fax: + 49 69 26 49 73 95, E-Mail: info@menzinger-
personalberatung.de, www.menzinger-personalberatung.de

Weiterführende Literatur

Andrzejewski, L.: Trennungs-Kultur: Handbuch für ein professionelles, wirtschaftliches und faires Kündigungs-Management, Neuwied/Kriftel 2002.

Bährle, R. J.: Vorteilhafte Abfindung für Führungskräfte: Spielräume nutzen – Steuern sparen, Regensburg/Bonn 1999.

Bolduan, G., Debus, I.: Outplacement als Chance: mit dem Karrierecoach zum beruflichen Neustart, Frankfurt 2002.

Corporate Research Foundation (CRF): Top-Arbeitgeber in Deutschland, Bielefeld 2003.

Eichhorn, C.: Souverän durch Self-Coaching: Ein Wegweiser nicht nur Führungskräfte, Göttingen 2002.

Elversfeld von, F.: Selbstcoaching für Manager, Zürich 2005. Fischer, C.: „Outplacement – Abschied und Neubeginn. Wirkfaktoren in der Outplacementberatung", aus Andrzejewski, L.: Trennungs-Kultur: Handbuch für ein professionelles, wirtschaftliches und faires Kündigungs-Management, Neuwied/Kriftel 2002.

Fischer, R., Ury, W., Patton, M.: Das Harvard-Konzept: Sachgerecht verhandeln – erfolgreich verhandeln, Frankfurt/New York 2000.

Fuchs, A.: Grenzen sprengen, Bielefeld 2004.

Graupner, H.-B.: Karriere: einsteigen, aufsteigen, umsteigen, Freiburg/Br. 2001.

Kellner, H.: Das geheime Wissen der Personalchefs: Persönlichkeitsmerkmale im Test, Frankfurt/M. 1998.

Kobjoll, K., Heinke, D.: No risk – No fun. Ihr Weg in die Selbstständigkeit, Zürich 2003.

Küttner, W.-D.: Personalbuch 2003, München 2003. Leeds, D.: Vermarkte sich selbst! Mit Eigenmarketing zum neuen Job, Landsberg a. L. 1998.

List, K.-H.: Outplacement: Vom Kündigungsgespräch zur Karriereberatung, Nürnberg 2003.

Nölke, M.: Konflikt mit Kollegen und Chefs, Planegg 2000. Sawizki, E.: NLP im Alltag, Offenbach/M. 1996.

Schaub, G., (u. a.): Arbeitsrechts-Handbuch, München 2002. Schiefer-Paris, E.: Das Managementkarussell, Darmstadt 2001. Tracy, B.: Eat that frog, Offenbach 2002.

Wolf, B.: Kündigung nach Fusion: berufliche Neuorientierung für Manager. Ein Tagebuch, Neuwied/Kriftel 2001.

Zimmermann, T., Schubert, S.: Die ersten 100 Tage im neuen Job, Haufe Verlag 2000.

Hinweise auf Bewerbungsratgeber

Engst, J., Duden. Professionelles Bewerben. Von der Stellensuche bis zum Vorstellungsge-
  spräch, Bibliographisches Institut Mannheim, 2010.
Hesse, J., Schrader, H. C., Das große Hesse/Schrader-Bewerbungshandbuch, Freising, 2013.
Hesse, J., Schrader, H. C., Die perfekte Bewerbungsmappe, Freising, 2013.